Dr. Jaerock Lee

Jahve
Koji Dajem
Zdravlje

URIM
BOOKS

[Jahve] zatim reče: „ Budeš li zdušno slušao glas Jahve, Boga svoga, vršeći što je pravo u njegovim očima; budeš li pružao svoje uho njegovim zapovijedima i držao njegove zakone, nikakvih bolesti koje sam pustio na Egipćane na vas neću puštati. Jer ja sam Jahve koji dajem zdravlje."

(Knjiga izlaska 15:26)

Jahve Koji Dajem Zdravlje autora Dr. Jaerocka Leeja
Izdavač: Urim Books (zastupnik: Kyungtae Noh)
73, Yeouidaebang-ro 22-gil, Dongjak-gu, Seul, Koreja
www.urimbooks.com

Autorska prava © 2014: Dr. Jaerock Lee
ISBN: 978-89-7557-923-3 03230
Autorska prava na prijevod © 2013: Dr. Esther K. Chung. Odobreno
korištenje.

Prethodno na korejskom 1992. godine objavio Urim Books.

Prvo izdanje u lipanj 2014

Urednik: Dr. Geumsun Vin
Dizajn: Urednički ured
Tisak: Yewon Printing Company
Za više informacija obratite nam se na urimbook@hotmail.com

Poruka o ovoj publikaciji

Kako materijalna civilizacija i blagostanje napreduju i povećavaju se, vidimo da današnji ljudi imaju vremena i novca napretek. Štoviše, da bi ostvarili zdraviji i udobniji život, ljudi ulažu i vrijeme i bogatstvo i posvećuju pozornost nizu korisnih informacija.

Međutim, za čovjekov su život starenje, bolesti i smrt pod Božjom vlašću, njih ne može kontrolirati moć novca ili znanja. Osim toga, neporeciva je činjenica da je unatoč iznimno sofisticiranoj medicinskoj znanosti koju proizvodi ljudsko znanje gomilano stoljećima, u stalnom porastu broj pacijenata koji boluju od neizlječivih i terminalnih bolesti.

Tijekom čitave povijesti svijeta bilo je bezbroj ljudi različitih vjeroispovijesti i znanja – uključujući i Buddhu i Konfucija – ali su svi oni utihnuli kad bi se suočili s tim pitanjem i nijedan od njih nije uspio izbjeći starenje, bolest i smrt. To je pitanje povezano s grijehom i s pitanjem spasenja čovječanstva, a nijedno od tih dvaju pitanja čovjek ne može sâm riješiti.

Danas ima mnoštvo bolnica i ljekarni, koje su lako pristupačne i naizgled spremne da naše društvo oslobode od bolesti i učine zdravim. Unatoč tomu, naša su tijela i cijeli svijet zaraženi raznim bolestima, od obične prehlade do bolesti neutvrđenog podrijetla, sojeva za koje nema lijeka. Ljudi olako krive klimu i okoliš ili to spremno doživljavaju kao prirodnu i fiziološku pojavu te se oslanjaju na lijekove i medicinsku tehnologiju.

Da bismo primili fundamentalno ozdravljenje i vodili zdrav život, svatko od nas mora pojmiti otkud potječe bolest i kako možemo primiti ozdravljenje. Jer, uvijek su dvije strane i evanđelja i istine: za ljude koji ih ne prihvaćaju rezervirani su prokletstvo i kazna, dok ljude koji ih prihvaćaju očekuju blagoslov i život. Božja je volja da istina bude skrivena od onih koji, poput farizeja i pismoznanaca, sebe smatraju mudrima i inteligentnima; također je volja Božja da se istina otkrije onima koji su poput djece, koji je žele i otvaraju svoja srca njoj (Evanđelje po Luki 10:21).

Bog je jednostavno obećao blagoslov onima koji su poslušni i koji žive po Njegovim zapovijedima, a u tančine su zabilježeni i prokletstvo i svakovrsne bolesti koje će spopasti one koji ne slušaju Njegove zapovijedi (Ponovljeni zakon 28:1-68).

Podsjećajući na Riječ Božju nevjernike, pa čak i neke vjernike koji su je propustili, ovo djelo nastoji dovesti takve pojedince na pravi put prema slobodi od bolesti i patnje.

U ime našeg Gospodina molim neka svatko od vas primi ozdravljenje od bolesti i patnje, malih i velikih, u onoj mjeri u kojoj budete slušali, čitali i shvaćali Riječ Božju i jeli od nje te snagom Boga spasenja i ozdravljenja, i neka među vama i u vašim obiteljima uvijek bude zdravlje!

Jaerock Lee

Sadržaj

Poruka o ovoj publikaciji

1. poglavlje

Podrijetlo bolesti i zraka ozdravljenja   1

2. poglavlje

Želiš li ozdraviti?   13

3. poglavlje

Jahve koji dajem zdravlje   31

4. poglavlje

Njegove nas rane iscijeliše 43

5. poglavlje

Moć ozdravljenja slabosti 59

6. poglavlje

Načini ozdravljanja opsjednutih 73

7. poglavlje

Vjera i poslušnost gubavca Naamana 91

1. poglavlje

Podrijetlo bolesti i zraka ozdravljenja

Malahije 4:2

Ali vama koji se Imena moga bojite sunce pravde će ogranuti sa zdravljem u zrakama, i vi ćete izlaziti poskakujući kao telad na pašu.

Skriveni uzrok bolesti

Budući da ljudi žele voditi sretan i zdrav život za svojeg boravka na ovoj zemlji, oni jedu svakovrsnu hranu za koju je poznato da je blagotvorna za zdravlje, a posvećuju pozornost tajnim metodama i traže ih. Međutim, unatoč napretku materijalne civilizacije i medicinske znanosti, stvarnost je ta da se ne može spriječiti bolovanje od neizlječivih i terminalnih bolesti.

Zar se čovjek ne može osloboditi agonije bolesti za svojeg boravka na ovoj zemlji?

Većina ljudi olako okrivljuje klimu i okoliš ili spremno doživljava bolest kao prirodnu ili fiziološku pojavu te se oslanjaju na lijekove i medicinsku tehnologiju. Međutim, nakon što se utvrdi uzrok svih bolesti i patnji, svi se mogu od njih osloboditi.

Biblija nam donosi fundamentalne načine življenja života u kojemu nema bolesti, a čak i ako se netko razboli, donosi načine na koji on može primiti ozdravljenje:

> *[Jahve] zatim reče: „Budeš li zdušno slušao glas Jahve, Boga svoga, vršeći što je pravo u njegovim očima; budeš li pružao svoje uho njegovim zapovijedima i držao njegove zakone, nikakvih bolesti koje sam pustio na Egipćane na vas neću puštati. Jer ja sam Jahve koji dajem zdravlje"* (Knjiga izlaska 15:26).

To je vjerna Riječ Božja, koji upravlja čovjekovim životom,

smrću, prokletstvom i blagoslovom, koji su nam osobno dani.

Pa što je, onda, bolest i zašto se ljudi razbolijevaju? Govoreći medicinskim žargonom, „bolest" se odnosi na sve vrste slabosti u raznim dijelovima ljudskog tijela – neuobičajeno ili abnormalno stanje zdravlja – a uglavnom je razvijaju i prenose bakterije. Drugim riječima, bolest je abnormalno stanje tijela izazvano otrovom ili bakterijama koje izazivaju bolest.

U Knjizi izlaska 9:8-9 nalazi se opis procesa u kojemu se pošast gnojnih čireva trebala spustiti na Egipat:

> *Reče Jahve Mojsiju i Aronu: „Zagrabite pune pregršti pepela iz peći, pa neka ga Mojsije pred faraonovim očima baci prema nebu. Od toga će nastati sitna prašina po svoj zemlji egipatskoj, i na ljudima će i na životinjama izazivati otekline i stvarati čireve s kraja na kraj Egipta."*

U Knjizi izlaska 11:4-7 čitamo kako će Bog lučiti Izraelca od Egipćanina. Za Izraelce koji su štovali Boga nije bilo pošasti, ali za Egipćane, koji nisu ni štovali Boga niti su živjeli po Njegovoj volji, poslana je pošast na prvorođence.

U cijeloj Bibliji učimo da je čak i bolest pod Božjom vlašću, da On od bolesti štiti one koji Ga štuju, a da će bolest spopasti one koji griješe jer će On svoje lice odvratiti od njih.

Pa zašto, onda, uopće postoje bolest i patnje zbog bolesti?

Znači li to da je Bog Stvoritelj stvorio bolest u vrijeme stvaranja kako bi čovjek živio u strahu od bolesti? Bog Stvoritelj stvorio je čovjeka i upravlja svime u svemiru dobrotom, pravdom i ljubavlju.

Nakon što je stvorio okoliš najprikladniji za čovjekov život (Knjiga postanka 1:3-25), Bog je stvorio i čovjeka, sebi na sliku, blagoslovio ga i pustio ga u krajnju slobodu i vlast.

Kako je vrijeme prolazilo, ljudi su slobodno uživali u bogomdanim blagoslovima dok su poštivali Njegove zapovijedi, a živjeli su u Edenskome vrtu, u kojemu ne bijaše ni suza, ni boli, ni patnji, ni bolesti. Kad je Bog vidio da je sve što je stvorio veoma dobro, (Knjiga postanka 1:31), dao je jednu zapovijed: *„Sa svakoga stabla u vrtu slobodno jedi, ali sa stabla spoznaje dobra i zla da nisi jeo! U onaj dan u koji s njega okusiš, zacijelo ćeš umrijeti!"* (Knjiga postanka 2:16-17)

Međutim, kad je lukava zmija vidjela da ljudi u svojim mislima nisu poštivali Božju zapovijed, nego su je, tomu nasuprot, zanemarili, zmija je dovela u iskušenje Evu, ženu prvog stvorenog čovjeka. Kad su Adam i Eva jeli od ploda sa stabla spoznaje dobra i zla i tako zgriješili (Knjiga postanka 3:1-6), baš kao što ih je Bog upozorio, smrt uđe u čovjeka (Poslanica Rimljanima 6:23).

Nakon što je čovjek počinio grijeh neposluha i kako je čovjek primio plaću za grijehe i suočio se sa smrću, umro je i duh u čovjeku – njegov gospodar – a nestade i zajedništva između čovjeka i Boga. Ljudi su izgnani iz Edenskoga vrta i počeli živjeti u suzama, boli, patnji, bolesti i smrti. Kako sva zemlja bijaše prokleta, ona rađaše trnjem i korovom, a ljudi se s trudom od nje hrane sveg vijeka svoga (Knjiga postanka 3:16-24).

Dakle, skriveni uzrok bolesti je iskonski grijeh počinjen Adamovim neposluhom. Da Adam nije iskazao neposluh Bogu, ne bi ni bio izgnan iz Edenskoga vrta, nego bi u vjekove vodio zdrav život. Drugim riječima, zbog jednog su čovjeka svi ljudi postali grješnici i počeli živjeti u opasnosti od raznih bolesti i patnjama zbog njih. Ako se prvo ne riješi problem grijeha, nitko neće biti opravdan u Božjim očima zbog djelâ Zakona (Poslanica Rimljanima 3:20).

Sunce pravde sa zdravljem u zrakama

U Malahiji 4:2 stoji: *„A vama koji se Imena moga bojite sunce pravde će ogranuti sa zdravljem u zrakama, i vi ćete izlaziti poskakujući kao telad na pašu.”* Ovdje se „sunce pravde” odnosi na Mesiju.

Bog se sažalio na čovječanstvo na putu k uništenju i bolestima i otkupio nas od svih grijeha kroz Isusa Krista kojega je pripravio i dopustio da On bude razapet na križ i da ondje prolije svu svoju krv. Stoga, svatko tko prihvati Isusa Krista, primi oprost za svoje grijehe i zadobije spasenje, može biti slobodan od bolesti i živjeti zdravim životom. Zbog prokletstva svega na ovoj zemlji čovjek će morati živjeti u strahu od bolesti dokle god bude disao, ali ljubavlju i milošću Božjom sad je otvoren put k oslobađanju od bolesti.

Kad djeca Božja odolijevaju grijehu do prolijevanja svoje krvi (Poslanica Hebrejima 12:4) i žive po Njegovoj riječi, On će ih zaštititi svojim očima koje su poput plamena vatre i zakrilit će ih ognjenim zidom Duha Svetoga da nikakav otrov u zraku nikad ne uđe u njihova tijela. Čak i ako se netko razboli, kad se preobrati i odvrati od dosadašnjeg načina života, Bog će spaliti bolest i ozdraviti razboljeni dio. To je ozdravljenje „suncem pravde".

Suvremena je medicina razvila liječenje ultraljubičastim zrakama, koje se danas naveliko koristi za sprječavanje i liječenje raznih bolesti. Ultraljubičaste su zrake krajnje učinkovite za dezinfekciju te izazivaju kemijske promjene u tijelu. Tim se liječenjem može uništiti oko 99% bacila u crijevima, bacila difterije i dizenterije, a učinkovito je i za tuberkulozu, rahitis, anemiju, reumu i kožne bolesti. Međutim, liječenje učinkovito i moćno poput liječenja ultraljubičastim zrakama ipak se ne može primijeniti na sve bolesti.

Samo „sunce pravde sa zdravljem u zrakama" zabilježeno u Svetom pismu jedina je zraka moći koja može ozdraviti sve bolesti. Zrake sunca pravde mogu se koristiti za liječenje svih vrsta bolesti, a budući da se mogu primijeniti na sve ljude, način na koji Bog ozdravlja zapravo je vrlo jednostavan, ali cjelovit i u biti najbolji.

Nedugo nakon utemeljenja moje crkve pacijenta na rubu

smrti, koji je trpio strašne bolove zbog paralize i tumora, donijeli su mi na nosilima. Nije mogao govoriti jer mu je jezik bio ukočen, a nije mogao ni micati tijelom jer mu je cijelo tijelo bilo paralizirano. Budući da su liječnici digli ruke od njega, pacijentova supruga, koja je vjerovala u Božju moć, nagovorila je svojeg supruga da sve Njemu preda. Kad je shvatio da je jedini način na koji može održati svoj život da se primi za Boga i da Mu se moli, pacijent je pokušao štovati Boga dok je bespomoćno ležao, a i njegova se supruga također molila s vjerom i ljubavlju. Kad sam vidio vjeru njih dvoje, i ja sam se usrdno molio za tog čovjeka. Uskoro nakon toga čovjek, koji je ranije progonio svoju suprugu zato što je vjerovala u Isusa, preobratio se sa cijepanjem srca, a Bog je poslao zraku ozdravljenja, spalio čovjekovo tijelo ognjem Duha Svetoga i očistio njegovo tijelo. Aleluja! Budući da je bio spaljen skriveni uzrok bolesti, čovjek je uskoro počeo hodati i trčati i opet je bio zdrav. Nije ni potrebno reći koliko su članovi crkve Manmin slavili Boga i veselili se kad su doživjeli to izvanredno djelo Božjeg ozdravljenja.

Vama koji štujete moje Ime

Naš je Bog Svemogući Bog koji je stvorio sve u ovom svemiru svojom Riječju i koji je stvorio čovjeka od praha zemaljskog. Budući da je takav Bog postao naš Otac, čak i ako se razbolimo, kad se u cijelosti prepustimo Njemu svojom vjerom, On će vidjeti i prepoznati našu vjeru i rado će nas ozdraviti. Nema ništa loše u izlječenju u bolnici, ali Bog se raduje svojoj djeci koja vjeruju u Njegovu sveprisutnost i svemoćnost, koja Ga usrdno zazivaju, primaju ozdravljenje i slave Ga.

U Drugoj knjizi o Kraljevima 20:1-11 nalazimo pripovijest o Ezekiji, kralju Judeje, koji se razbolio kad je Asirija napala njegovo kraljevstvo, ali je primio potpuno ozdravljenje tri dana nakon što se pomolio Bogu i život mu je produljen za petnaest godina.

Kroz proroka Izaiju Bog govori Ezekiji: *„Uredi kuću svoju jer ćeš umrijeti; nećeš ozdraviti"* (Druga knjiga o Kraljevima 20:1; Izaija 38:1). Drugim riječima, Ezekija je primio smrtnu kaznu u kojoj mu je bilo rečeno da se pripravi za svoju smrt i sredi sve poslove za svoje kraljevstvo i obitelj. Međutim, Ezekija se smjesta okrenu zidu i pomoli Jahvi (Druga knjiga o Kraljevima 20:2). Kralj je shvatio da je bolest bila posljedica njegova odnosa s Bogom, sve je ostavio nastranu i odlučio se pomoliti.

Dok se Ezekija usrdno moli Bogu u suzama, On govori i obećava kralju: *„Uslišao sam tvoju molitvu, vidio tvoje suze. Izliječit ću te; za tri dana uzići ćeš u dom Jahvin. Dodat ću tvome vijeku petnaest godina. Izbavit ću tebe i ovaj grad iz ruku asirskoga kralja. Jest, zakrilit ću ovaj grad!"* (Izaija 38:5-6). Možemo samo pretpostaviti s kakvom se usrdnošću i ozbiljnošću Ezekija sigurno molio kad mu je Bog rekao: „Uslišao sam tvoju molitvu, vidio tvoje suze."

Bog, koji je uslišao Ezekijinu molitvu, u potpunosti je ozdravio kralja pa je on za tri dana mogao ustati i popeti se u hram Božji. Nadalje, Bog je produljio Ezekijin život za petnaest godina, a tijekom ostatka Ezekijina života štitio je grad Jeruzalem od prijetnji iz Asirije.

Jer, Ezekija je bio itekako svjestan da je pitanje života i smrti u Božjoj vlasti, molitva Bogu za njega je bila od najveće važnosti. Bog se obradovao Ezekijinu skrušenu srcu i njegovoj vjeri, obećao kralju ozdravljenje, a kad je Ezekija zatražio znak svojeg ozdravljenja, sjena se vratila za deset stupnjeva, sišla je za deset posljednjih stupnjeva na Ahazovu sunčaniku (Druga knjiga o Kraljevima 20:11). Naš je Bog Bog ozdravljenja i veoma obziran Otac koji sve daje onima koji ištu.

Tomu nasuprot, u Drugoj knjizi Ljetopisa 16:12-13 nalazimo sljedeće: „*Razbolio se trideset i devete godine kraljevanja, od nogu, te mu se bolest veoma pogoršala, ali ni u bolesti nije tražio Jahvu, nego liječnike. Tako Asa počinu sa svojim ocima i umrije četrdeset i prve godine svoga kraljevanja.*" Kad je tek stupio na prijestolje, „*Asa je činio što je pravo u očima Jahvinim, kao i njegov praotac David*" (Prva knjiga o Kraljevima 15:11). Na početku bijaše on mudar vladar, ali kako je postupno gubio vjeru u Boga i počeo se više oslanjati na čovjeka, kralj nije mogao primiti Božju pomoć.

Kad je Baša, izraelski kralj, napao Judeju, Asa se oslanjao na Ben-Hadada, aramejskoga kralja, a ne na Boga. Zbog toga ga je vidjelac Hanani prekorio, ali on se nije odvratio od dosadašnjeg načina života, nego je, tomu nasuprot, bacio vidioca u tamnicu, a potlačio je i neke iz naroda (Druga knjiga Ljetopisa 16:7-10).

Prije nego što se Asa počeo oslanjati na aramejskoga kralja, Bog se upleo u aramejsku vojsku da ona ne napadne Judeju. Međutim, otkako se Asa počeo oslanjati na aramejskoga kralja umjesto na Boga, judejski kralj više nije mogao primiti nikakvu pomoć od Njega. Nadalje, on nije mogao biti zadovoljan Asom koji je radije tražio pomoć liječnika nego Boga. I zato je Asa umro samo dvije godine nakon što se razbolio od bolesti nogu. Iako je Asa ispovijedao svoju vjeru u Boga, kako nije pokazao nikakvo djelo svoje vjere niti je zazvao Boga, Svemogući Bog nije mogao ništa učiniti za kralja.

Zraka zdravlja od našega Boga može ozdraviti sve vrste bolesti, pa paralizirani mogu ustati i hodati, slijepi gledati, gluhi čuti, a mrtvi oživjeti. I zato, budući da Jahve koji daje zdravlje ima neograničenu moć, nije važno koliko je bolest teška. Od bolesti toliko trivijalne, kao što je prehlada, do one neizlječive, poput tumora, sve je to isto Jahvi koji daje zdravlje. Mnogo je važnije kakvo srce donosiš pred Boga: ono nalik Asinom ili ono nalik Ezekijinom.

U ime našega Gospodina molim da prihvatite Isusa Krista, primite odgovor na problem grijeha, da budete opravdani po vjeri, omilite Bogu skrušenim srcem i vjerom popraćenom djelima, poput Ezekijine, primite ozdravljenje od svih bolesti i da zauvijek vodite zdrav život!

2. poglavlje

— ❦ ❦ —

Želiš li ozdraviti?

Evanđelje po Ivanu 5:5-6

Tu bijaše neki čovjek koji je bolovao trideset i osam godina. Kad ga opazi Isus gdje leži i kada doznade da je već dugo vremena u tom stanju, upita ga: „Želiš li ozdraviti?"

Želiš li ozdraviti?

Brojni su slučajevi ljudi, koji prije toga nisu upoznali Boga, ali su Ga tražili i došli pred Njega. Neki dođu pred Njega dok slijede vlastitu dobru savjest, a drugi Ga upoznaju tek nakon naviještanja Radosne vijesti. Drugi pak upoznaju Boga nakon što dožive životni skepticizam zbog propasti posla ili rasapa obitelji. A ima i onih koji dolaze pred Njega gorućeg srca nakon što su pretrpjeli strašne tjelesne bolove ili strah od smrti.

Baš kao što je učinio i čovjek koji je bolovao trideset i osam godina pokraj kupališta zvanog Bethesda, da biste u potpunosti svoju bolest predali Bogu i primili ozdravljenje, morate željeti to ozdravljenje više od svega na svijetu.

U Jeruzalemu, kod Ovčjih vrata, nalazi se kupalište koje se na hebrejskom zove „Bethesda". Bilo je okruženo s pet natkrivenih trjemova, a u njemu su se okupljali slijepi, hromi i uzeti te su ležali ondje jer bi, prema legendi, s vremena na vrijeme silazio anđeo Božji i uzburkao vodu. Također se vjerovalo da će prvi, koji uđe u vodu kupališta, čiji naziv znači „kuća milosrđa", nakon što je anđeo uzburka, ozdraviti od svake bolesti od koje boluje.

Kad je ugledao uzetoga, koji je trideset i osam godina ležao ondje kraj kupališta, znajući koliko dugo taj čovjek već boluje, Isus ga upita: „Želiš li ozdraviti?" Čovjek odgovori: „*Gospodine, nemam nikoga da me spusti u ribnjak kad se uzburka voda, a dok ja dođem, drugi siđe prije mene*" (Evanđelje po Ivanu 5:7). Time je čovjek priznao Gospodinu da, premda je usrdno želio ozdravljenje, nije mogao to postići sâm. Naš je Gospodin vidio čovjekovo srce i rekao mu: „*Ustani, uzmi svoju postelju i hodaj!*" i čovjek odmah ozdravi: uze svoju postelju i poče hodati (Evanđelje po Ivanu 5:8).

Morate prihvatiti Isusa Krista

Kad je čovjek uzet već trideset i osam godina upoznao Isusa Krista, odmah je ozdravio. Kako je sve više vjerovao u Isusa Krista, izvor pravoga života, tom su čovjeku oprošteni svi grijesi i ozdravio je od svoje bolesti.

Boluje li itko od vas od neke bolesti? Ako bolujete od neke bolesti i želite doći pred Boga i primiti ozdravljenje, prvo morate prihvatiti Isusa Krista, postati djetetom Božjim i primiti oprost za svoje grijehe da biste maknuli sve prepreke između sebe i Boga. Potom morate vjerovati da je Bog sveprisutan i svemoguć, da može činiti čudesa. Također morate vjerovati da smo svi otkupljeni od svojih bolesti tako što ih je Isus spalio te da ćete, ako to zatražite u ime Isusa Krista, uistinu primiti ozdravljenje.

Kada tražimo s takvom vrstom vjere, Bog će uslišati našu molitvu vjere i očitovat će djelo ozdravljenja. Bez obzira koliko ste stari i koliko je teška vaša bolest, samo predajte sve svoje probleme bolesti Bogu i sjetite se da možete ponovno postati cijeli u jednom trenu kad vas ozdravi Bog moći.

Kad je uzeti iz Evanđelja po Marku 2:3-12 prvi put čuo da

je Isus došao u Kafarnaum, čovjek je želio doći pred Njega. Kad je čuo vijesti o tomu kako Isus ozdravlja ljude od raznih bolesti, izgoni zle duhove i ozdravlja gubavce, uzeti je pomislio da bi možda i on mogao primiti ozdravljenje. Kad je uzeti shvatio da ne može prići bliže Isusu zbog mnoštva naroda koji se okupio, on je uz pomoć svojih prijatelja skinuo krov na mjestu gdje je bio Isus pa su kroz otvor spustili postelju na kojoj je on ležao pred Isusa.

Možete li zamisliti koliko samo mora da je uzeti želio doći pred Isusa da je bio spreman sve to učiniti? Kako je Isus reagirao kad je uzeti, koji nije mogao ići od jednog do drugog mjesta i nije se mogao kretati uokolo zbog mnoštva naroda, pokazao svoju vjeru i predanost uz pomoć svojih prijatelja? Isus nije ukorio uzetoga zbog njegova ponašanja, nego mu je umjesto toga rekao: *„Sinko, opraštaju ti se grijesi!"*, a on odmah ustade i poče hodati.

U Mudrim izrekama 8:17 Bog nam govori: *„Ja ljubim one koji ljube mene, i nalaze me koji me traže."* Ako se želite osloboditi od patnje bolesti, prvo morate usrdno željeti ozdravljenje, vjerovati u moć Boga koji može riješiti problem bolesti i prihvatiti Isusa Krista.

Morate srušiti zid grijeha

Bez obzira koliko vjerovali da snagom Božjom možete

ozdraviti, On ne može djelovati u vama ako između vas i Boga postoji zid grijeha.

I zato nam u Izaiji 1:15-17 Bog govori: *„Kad na molitvu ruke širite, ja od vas oči odvraćam. Molitve samo množite, ja vas ne slušam. Ruke su vam u krvi ogrezle, operite se, očistite. Uklonite mi s očiju djela opaka, prestanite zlo činiti! Učite se dobrim djelima: pravdi težite, ugnjetenom pritecite u pomoć, siroti pomozite do pravde, za udovu se zauzmite."*, a potom nam u retku 18 iza toga obećava: *„Hajde, dakle, da se pravdamo"*, govori Jahve. *„Budu l' vam grijesi kao grimiz, pobijelit će poput snijega; kao purpur budu li crveni, postat će kao vuna."*

A u Izaiji 59:1-3 nalazimo sljedeće:

Ne, nije ruka Jahvina prekratka da spasi, niti mu je uho otvrdlo da ne bi čuo, nego su opačine vaše jaz otvorile između vas i Boga vašega. Vaši su grijesi lice njegovo zastrli, i on vas više ne sluša. Jer ruke su vaše u krvi ogrezle, a vaši prsti u zločinima. Usne vam izgovaraju laž, a jezik podlost mrmlja.

Ljudi koji nisu spoznali Boga i koji nisu prihvatili Isusa Krista te koji vode svoje živote kako im volja ne shvaćaju da su grješnici. Kad ljudi prihvate Isusa Krista kao svojeg Spasitelja i kad prime Duha Svetoga na dar, Duh će Sveti osuditi svijet krivnje radi grijeha u pogledu grijeha, pravednosti i suda, a oni će prihvatiti i priznati da su grješnici (Evanđelje po Ivanu 16:8-11).

Međutim, budući da ima slučajeva u kojima ljudi ne znaju u tančine što je to zapravo grijeh te stoga ni ne mogu od sebe odbaciti grijehe i zlo u njima niti primiti uslišanje svojih molitvi od Boga, prvo moraju znati što je to grijeh u Njegovim očima. Jer sve bolesti i tegobe potječu iz grijeha, tek kad se osvrnete na sebe i svoj život i srušite zid grijeha, tek tada možete doživjeti brzo djelovanje ozdravljenja.

Pozabavimo se onime što nam Sveto pismo govori da je grijeh i kako srušiti zid grijeha.

1. Morate se pokajati zato što niste vjerovali u Boga i prihvatili Isusa Krista.

Biblija nam govori da naša nevjera u Boga i naše neprihvaćanje Isusa Krista kao svojeg Spasitelja predstavljaju grijeh (Evanđelje po Ivanu 16:9). Mnogi nevjernici kažu da vode dobar život, međutim, ti ljudi ne mogu ni sebe sâme pravilno spoznati jer ne poznaju Riječ istine – svjetlo Božje – te stoga niti ne mogu razaznavati dobro od lošeg.

Čak i ako je netko uvjeren da je vodio dobar život, kad se njegov život usporedi s istinom, što je Riječ Svemogućeg Boga, koji je stvorio sve u ovom svemiru i koji upravlja životom, smrću, prokletstvom i blagoslovom, pronaći će se mnogo nepravednosti i neistine. I zato nam Biblija govori: *„Nema pravedna nijednoga"* (Poslanica Rimljanima 3:10) i: *„Jer, nitko neće biti opravdan pred njim zbog djelâ Zakona. Zakonom se, naime,* *ostvaruje spoznaja grijeha"* (Poslanica Rimljanima 3:20).

Kada prihvatite Isusa Krista i postanete dijete Božje, nakon što se pokajete zato što niste vjerovali u Boga i prihvaćali Isusa Krista, Bog Svemogući postat će vam Otac, pa ćete ipak primiti odgovore na sve bolesti od kojih bolujete.

2. Morate se pokajati zato što niste ljubili braću svoju.

Biblija nam govori: *„Ljubljeni, ako je, dakle, Bog tako zavolio nas, i mi moramo voljeti jedni druge"* (Prva Ivanova poslanica 4:11). Također nas podsjeća da moramo ljubiti čak i svoje neprijatelje (Evanđelje po Mateju 5:44). Da mrzimo braću svoju, ne bismo poštivali Riječ Božju te bismo, dakle, griješili.

Budući da je Isus pokazao svoju ljubav prema čovječanstvu ogrezlom u grijehu tako što je dopustio da Ga razapnu na križ, pravo je da i mi ljubimo svoje roditelje, djecu, braću i sestre. Nije pravo u Božjim očima da mrzimo i da ne možemo oprostiti zbog beznačajnih, ali ipak loših osjećaja i nesporazuma između nas.

U Evanđelju po Mateju 18:23-35 Isus nam navodi sljedeću prispodobu:

> *Zato je kraljevstvo nebesko slično kralju koji odluči urediti račun sa svojim slugama. Kad počne obračunavati, dovedoše mu nekoga koji mu je dugovao deset tisuća talenata. Budući da nije imao vratiti, gospodar naredi da bude prodan on, njegova žena,*

djeca i sve što je imao da tako izravna dug. Tada sluga pade pred njim ničice te ga zamoli: „Budi strpljiv prema meni, i sve ću ti vratiti!" I gospodar se toga sluge smilova pa ga otpusti i zajam mu oprosti. Kad taj sluga iziđe, susretne jednoga od drugova svojih koji mu je dugovao stotinu denara. Uhvati ga, poče ga daviti i govoriti mu: „Vrati što god si dužan!" Tada pred njim pade drug njegov i zamoli ga: „Budi strpljiv prema meni, i vratit ću ti!" Ali on ne htjede, nego ode i baci ga u tamnicu dok ne vrati duga. Kad to njegovi drugovi vidješe, vrlo se ražalostiše te odoše javiti svome gospodaru sve što se dogodilo. Nato ga gospodar njegov dozva k sebi pa mu reče: „Zli slugo, sav sam ti onaj dug oprostio jer si me molio. Zar nije trebalo da se i ti smiluješ svome drugu kako sam se i ja smilovao tebi?" Tada ga njegov gospodar, pun gnjeva, predade mučiteljima dok ne vrati svega duga. Tako će i Otac moj nebeski postupiti s vama ako ne oprostite jedan drugom od srcâ svojih.

Iako smo primili oprost i milost našeg Boga Oca, ne možemo ili ne želimo prigrliti pogreške i mane svoje braće, nego smo, tomu nasuprot, skloni razvijati suparništvo, stvarati neprijatelje, zamjerati i provocirati jedni druge?

Bog nam govori: *„Tko god mrzi svoga brata, ubojica je; a znate da ni jedan ubojica nema života vječnoga, koji ostaje u* *njemu"* (Prva Ivanova poslanica 3:15) i još: *„Tako će i Otac moj nebeski postupiti s vama ako ne oprostite jedan drugom od srcâ svojih"* (Evanđelje po Mateju 18:35) te nas potiče ovako: *„Ne jadikujte, braćo, jedni na druge, da ne budete osuđen! Evo, sudac stoji pred vratima!"* (Jakovljeva poslanica 5:9)

Moramo shvatiti da smo, ako nismo ljubili nego mrzili svoju braću, i mi zgriješili i da se nećemo napuniti Duha Svetoga, nego da će nas spopasti bolesti. Stoga, čak i ako nas braća mrze i razočaravaju, mi ne smijemo zauzvrat mrziti ni razočaravati njih, nego, tomu nasuprot, štititi svoja srca istinom, razumjeti ih i oprostiti im. Naša srca moraju moći prinijeti molitvu ljubavi za takvu braću i sestre. Kada razumijemo, oprostimo i ljubimo jedni druge uz pomoć Duha Svetoga, i Bog će nama pokazati svoju samilost i milosrđe te će nam pokazati djela ozdravljenja.

3. Morate se pokajati ako ste se molili s pohlepom.

Kad je Isus ozdravio dječaka kojega je obuzeo zli duh, učenici su Ga upitali: *„Zašto mi ne mogosmo istjerati duha?"* (Evanđelje po Marku 9:28), a Isus im odgovori: *„Ta se vrsta može istjerati samo molitvom"* (Evanđelje po Marku 9:29).

Da biste primili ozdravljenje u određenoj mjeri, morate prinijeti i molitvu i preklinjanje. Međutim, molitve za vlastitu korist neće biti uslišane jer Bog im se ne raduje. Bog nam je zapovjedio: *„Prema tome, bilo da jedete, bilo da pijete, bilo da što drugo činite, sve činite na slavu Božju!"* (Prva poslanica

Korinćanima 10:31) Dakle, cilj naših studija i postizanja slave ili moći mora biti na slavu Božju. U Jakovljevoj poslanici 4:2-3 nalazimo ovo: *„Žudite, i nemate? Tada ubijate. Hlepite, i ne možete postići? Tada se borite i ratujete. Nemate jer ne molite. Molite, ali ne dobivate jer molite sa zlom nakanom: da to potrošite u svojim požudama.”*

Tražiti ozdravljenje da biste očuvali zdrav život je slava Božja; dobit ćete odgovor kad ga zatražite. Međutim, ako ne dobijete ozdravljenje čak ni kada ga zatražite, to je zato što možda tražite nešto što nije ispravno u istini, čak i ako vam Bog želi dati još veće stvari obilato.

Kakva molitva raduje Boga? Kao što nam Isus govori u Evanđelju po Mateju 6:33: *„Najprije tražite kraljevstvo Božje i njegovu pravednost, a to će vam se sve dodati!”*, umjesto da brinemo tjeskobno za hranu, odjeću i tomu slično, prvo se moramo svidjeti Bogu prinosom molitvi za Njegovo kraljevstvo i pravednost te za evangelizaciju i posvećenje. Tek će tada Bog uslišati molitve vašega srca i dati vam potpuno ozdravljenje od svih bolesti.

4. Morate se pokajati ako ste molili u sumnji.

Bogu se sviđa molitva koja pokazuje nečiju vjeru. O tome u Poslanici Hebrejima 11:6 piše ovako: *„A bez vjere je nemoguće svidjeti se; jer, onaj koji hoće pristupiti Bogu mora povjerovati da postoji Bog i da nagrađuje one koji ga traže.”* Isto tako, u Jakovljevoj poslanici 1:6-7 podsjećaju nas ovako: *„I to, neka ište s vjerom i ništa ne sumnja; jer, onaj koji sumnja sličan je morskom valu, koji vjetar podiže i tamo-amo goni. Neka taj čovjek – čovjek s dvije duše, nepostojan u svim putovima svojim – ne umišlja da će što primiti od Gospodina!"*

Molitve prinesene u sumnji znak su da ta osoba ne vjeruje u Svemogućega Boga, sramoteći tako Njegovu moć i pretvarajući Ga u posve nesposobnog Boga. Morate se odmah pokajati, nalikovati praocima vjere i moliti usrdno i revno da biste zadobili vjeru po kojoj možete vjerovati u srcima svojim.

Mnogo puta u Bibliji vidimo da je Isus ljubio one koji su imali veliku vjeru, da ih je birao za svoje učenike i da je svoju službu obavljao kroz njih i s njima. Kad ljudi nisu uspijevali pokazati svoju vjeru, Isus bi ukorio čak i svoje učenike zbog njihove male vjere (Evanđelje po Mateju 8:23-27), ali je ljubio one velike vjere, čak i ako su bili pogani (Evanđelje po Mateju 8:10).

Kako molite i kakvu vrstu vjere imate?

Stotnik u Evanđelju po Mateju 8:5-13 pristupio je Isusu i molio Ga da ozdravi jednog od njegovih slugu koji je ležao uzet u kući i silno se mučio. Kad je Isus rekao stotniku: *„Ja ću doći i izliječit ću ga"* (redak 7), stotnik Mu odvrati: *„Gospodine, nisam dostojan da uđeš pod krov moj, nego samo zapovijedi riječju te će ozdraviti sluga moj"* (redak 8) i tako je pokazao Isusu svoju veliku vjeru. Kad je čuo što je stotnik rekao, Isus se zadivi i reče mu: *„Zaista, kažem vam, na toliku vjeru ne namjerih se ni kod koga u Izraelu"* (redak 10). I sluga stotnikov ozdravi u taj čas.

U Evanđelju po Marku 5:21-43 zabilježen je slučaj zadivljujućeg djela ozdravljenja. Kad je Isus bio na moru, priđe Mu jedan od nadstojnika imenom Jair te Mu pade pred noge. Jair je usrdno Isusa molio ovako: *„Kćerkica mi je na umoru. Dođi i stavi na nju ruke da ozdravi i poživi"* (redak 23).

Kad je Isus pošao s Jairom, priđe Mu žena koja je dvanaest godina bolovala od krvarenja. Mnogo je pretrpjela od pustih liječnika i potrošila sav svoj imetak, a nije imala nikakve koristi, nego joj je, naprotiv, išlo nagore.

Ona ču za djela Isusova, dođe, u narodu, straga i dotaknu se Isusova ogrtača. Budući da je ta žena vjerovala: *„Dotaknem li se barem njegovih haljina, ozdravit ću!"* (redak 28), kad se rukom dotakla Isusova ogrtača, odmah joj prestade teći krv, i ona na svom tijelu osjeti da je ozdravila od bolesti. Isus odmah osjeti u sebi da je sila izišla iz njega, okrenu se narodu i upita: *„Tko mi se dotaknu haljina?"* (redak 30) Kad je žena priznala svu istinu, Isus joj reče: *„Kćeri, vjera te tvoja spasila! Idi u miru i budi zdrava od svoje bolesti!"* (redak 34) Toj je ženi dao spasenje, ali i blagoslov zdravlja.

Uto dođoše ukućani iz kuće Jairove koji rekoše: *„Kćerka ti je već umrla"* (redak 35). Isus reče Jairu: *„Ne boj se! Samo vjeruj!"* (redak 36) i nastavi prema Jairovoj kući. Ondje Isus reče ljudima: *„Dijete nije umrlo, već spava"* (redak 39) i reče djevojčici: *„,Talitha kum!' – što znači: ,Djevojčice, zapovijedam ti, ustani!'"* (redak 41) Djevojčica odmah ustane i počne hodati.

Vjerujte da, kada s vjerom tražite, čak i najteža bolest može se izliječiti i mrtvi se mogu oživjeti. Ako ste dosad molili u sumnji, primite ozdravljenje i budite snažni kajući se za taj grijeh.

5. Morate se pokajati zato što niste poštivali Božje zapovijedi.

U Evanđelju po Ivanu 14:21 Isus nam govori: *„Tko poznaje moje zapovijedi i vrši ih, taj me ljubi. A tko mene ljubi, njega će ljubiti Otac moj; i ja ću ga ljubiti i objaviti mu samoga sebe."* A u Prvoj Ivanovoj poslanici 3:21-22 također nas se podsjeća: *„Ljubljeni, ako nas srce ne osuđuje, imamo pouzdanje u Boga. I što ga god molimo, primamo od njega, jer vršimo njegove zapovijedi i činimo što mu se sviđa."* Grješnik ne može biti pouzdan pred Bogom. Međutim, ako su nam srca časna i bez greške kad ih mjerimo Riječju istine, tijelom možemo od Boga sve tražiti.

Stoga, kao Božji vjernik, morate naučiti i razumjeti Deset zapovijedi Božjih, koje služe kao sažetak šezdeset i šest knjiga Biblije, i otkriti u kojoj ste mjeri proveli svoj život nepoštivajući ih.

I. Jesam li ikada, u srcu, imao drugih bogova uz Boga?

II. Jesam li ikada pravio kumire od svoje imovine, djece,

zdravlja, posla i tomu slično i klanjao im se?

III. Jesam li ikada izgovorio ime Božje uzalud?

IV. Jesam li uvijek svetkovao Dan Gospodnji?

V. Jesam li uvijek poštivao svoje roditelje?

VI. Jesam li ikada počinio tjelesno ili duhovno ubojstvo mržnjom svoje braće i sestara i njihovim navođenjem na grijeh?

VII. Jesam li ikada bludno sagriješio, makar i u srcu?

VIII. Jesam li ikada ukrao?

IX. Jesam li ikada govorio lažna svjedočanstva na bližnjega svoga?

X. Jesam li ikada poželio tuđe stvari?

Osim toga, morate se i osvrnuti i vidjeti jeste li poštivali zapovijed Božju koja kaže: Ljubi bližnjega svoga kao sebe sâmoga. Kada poštujete Božje zapovijedi i molite Mu se, moćni Bog izliječit će vas od svih bolesti.

6. Morate se pokajati zato što niste sijali u Bogu.

Budući da Bog upravlja svime u svemiru, On je uveo niz zakona za duhovno kraljevstvo i, kao pravedni sudac, On svime upravlja u skladu s njima.

U Danielu 6 kralj Darije doveden je u nezavidan položaj u kojemu nije mogao spasiti svojeg ljubljenoga slugu Daniela da ga ne bace u lavlju jamu iako je on bio kralj. Budući da je izdao naredbu i potpisao je da bude neopoziva, Darije nije mogao sâm ne poštivati zakon koji je sâm i uspostavio. Da je kralj bio prvi koji će izbjeći to pravilo i tako prekršiti zakon, tko bi ga onda slušao i služio mu? I zato, čak i kad su opaki ljudi njegova ljubljenog slugu Daniela namjeravali baciti u lavlju jamu, Darije nije mogao ništa učiniti.

Isto tako, ni Bog ne izbjegava pravila i ne krši zakon koji je sâm uspostavio, svime u svemiru upravlja preciznim redom pod svojom vlašću. I zato: *„Ne varajte se: Bog se ne da ismjehivati! Jer, što god tko sije, to će i žeti"* (Poslanica Galaćanima 6:7).

Koliko budete sijali u molitvi, toliko ćete primati odgovore i rasti duhovno, a vaše će unutarnje biće ojačati, a duh će vam se obnoviti. Ako ste bili bolesni ili slabi, ali sada sijete svoje vrijeme u svojoj ljubavi prema Bogu revnim sudjelovanjem na svim misnim slavljima, primit ćete blagoslov zdravlja i osjetit ćete nedvosmislenu promjenu u svojemu tijelu. Ako sijete bogatstvo u Bogu, On će vas zaštititi od kušnja, a dat će vam i blagoslov većeg bogatstva.

Kad razumijete koliko je važno sijati u Bogu, kad odbacite od sebe nade za ovaj svijet koji će propasti i nestati i kad, naprotiv, počnete gomilati svoje nagrade na nebu u pravoj vjeri, Bog Svemogući vodit će vas uvijek u zdrav život.

I tako smo, s Riječju Božjom, preispitali što se sve pretvorilo u zid između Boga i čovjeka i zašto smo živjeli u strahu od bolesti. Ako niste vjerovali u Boga i bolovali ste od neke bolesti, prihvatite Isusa kao svojeg Spasitelja i započnite živjeti život u Kristu. Ne bojte se onih koji ubijaju tijelo. Umjesto toga, bojeći se samo Onoga koji može prokleti i tijelo i duh i baciti ih u pakao, štitite svoju vjeru u Boga koji će vas spasiti od progona vaših roditelja, braće i sestara, supružnika, supružnikovih roditelja i ostalih. Kad Bog prizna vašu vjeru, On će djelovati, a vi ćete moći primiti milost ozdravljenja.

Ako ste vjernik, ali ipak bolujete od neke bolesti, osvrnite se na sebe i svoj život da vidite ima li ikakvih ostataka zloga, kao što su mržnja, ljubomora, zavist, nepravednost, nečistoća, pohlepa, zle nakane, ubojstvo, spor, trač, kleveta, ponos ili tomu slično. Moleći se Bogu i primajući Njegov oprost u svoj Njegovoj samilosti i milosrđu, primit ćete i odgovor na problem svoje bolesti.

Mnogi se pokušavaju cjenkati s Bogom. Kažu da će, ako ih Bog prvo ozdravi od njihovih bolesti i tegoba, povjerovati u Isusa i slijediti Ga. Međutim, budući da Bog poznaje samo središte svačijeg srca, On će ozdraviti svakoga od nas od naših tjelesnih bolesti tek nakon što nas duhovno očisti.

Kad shvatite da su čovjekove misli različite od Božjih misli, u ime našeg Gospodina molim da prvo poslušate volju Božju kako bi ozdravio vaš duh dok budete primali blagoslov ozdravljenja od svoje bolesti!

3. poglavlje

Jahve koji dajem zdravlje

Knjiga izlaska 15:26

Budeš li zdušno slušao glas Jahve, Boga svoga, vršeći
što je pravo u njegovim očima; budeš li pružao svoje uho
njegovim zapovijedima i držao njegove zakone, nikakvih
bolesti koje sam pustio na Egipćane na vas neću puštati.
Jer ja sam Jahve koji dajem zdravlje.

Zašto se čovjek razbolijeva?

Iako Jahve koji daje zdravlje želi da sva Njegova djeca žive zdravim životom, mnogi od njih boluju od bolesti i ne mogu riješiti problem bolesti. I baš kao što za svaku posljedicu postoji neki uzrok, tako postoji uzrok i za svaku bolest. Jer, svaka se bolest može brzo izliječiti kad se utvrdi njezin uzrok, a svi oni koji žele primiti ozdravljenje prvo moraju utvrditi uzrok svojih bolesti. Uz Riječ Božju iz Knjige izlaska 15:26 pozabavit ćemo se uzrokom bolesti te načinom na koji se možemo osloboditi od bolesti i živjeti zdravim životom.

„Jahve" je ime kojim se označava Bog, a ono znači „JA SAM ONAJ KOJI JESAM" (Knjiga izlaska 3:14). To ime također naznačuje da su sva ostala bića podložna vlasti najštovanijeg Boga. Iz načina na koji Bog sebe naziva „Jahve koji dajem zdravlje" (Knjiga izlaska 15:26) učimo o Božjoj ljubavi koja nas oslobađa od agonije bolesti i o snazi Božjoj koja ozdravlja.

U Knjizi izlaska 15:26 Bog nam obećava: „*Budeš li zdušno slušao glas Jahve, Boga svoga, vršeći što je pravo u njegovim očima; budeš li pružao svoje uho njegovim zapovijedima i držao njegove zakone, nikakvih bolesti koje sam pustio na Egipćane na vas neću puštati. Jer ja sam Jahve koji dajem zdravlje."* Dakle, ako ste se razboljeli, to je dokaz da niste pažljivo slušali Njegov glas, da niste vršili što je pravo u Njegovim očima i da niste slušali Njegove zapovijedi.

Jer, djeca su Božja građani neba, oni moraju poštivati

nebeski zakon. Međutim, ako građani neba ne poštuju nebeske zakone, Bog ih ne može zaštititi jer grijeh je bezakonje (Prva Ivanova poslanica 3:4). Onda će se uvući sile bolesti, ostavljajući neposlušnu djecu Božju u strahu od bolesti.

Preispitajmo u tančine načine na koje se možemo razboljeti, uzrok bolesti i način na koji snaga Jahve koji daje zdravlje može ozdraviti one koji boluju od neke bolesti.

Slučaj kada se netko razbolijeva kao posljedica svojih grijeha

U cijeloj Bibliji Bog nam neprestance govori da je uzrok bolesti grijeh. U Evanđelju po Ivanu 5:14 stoji: „*Poslije toga namjerni se na nj [bolesnika kojega je ranije ozdravio] Isus u Hramu te mu reče: ,Eto, ozdravio si! Više ne griješi, da ti se što gore ne dogodi!'*" Ovaj nas redak podsjeća da bi se, da je taj čovjek opet zgriješio, ponovno razbolio, i to od još teže bolesti od one koju od koje je ranije bolovao, ali i na to da se upravo zbog grijeha ljudi razbolijevaju.

U Ponovljenom zakonu 7:12-15 Bog nam je obećao: „*A za nagradu – budeš li slušao ove naloge, držao ih te izvršavao – Jahve, Bog tvoj, držat će ti Savez svoj i milost za koje se zakleo tvojim ocima. Ljubit će te, blagoslivljati i razmnažati; blagoslivljat će plod utrobe tvoje i rod zemlje tvoje: žito tvoje, vino tvoje, ulje tvoje, mlâd krava tvojih i prirast stoke tvoje u zemlji za koju se zakleo ocima tvojim da će je tebi dati. Bit ćeš blagoslovljen nad sve narode; neće u tebe biti ni neplodna ni neplodne, ni među tvojom čeljadi ni među stokom tvojom. Jahve će od tebe maknuti svaku bolest; neće na te pustiti nijedno od strašnih zala egipatskih za koja znaš, nego će njima pritiskati one koji te mrze."* U onima koji mrze su zlo i grijeh, a spopast će ih i bolesti.

U Ponovljenom zakonu 28, poznatom pod nazivom „Blagoslovi", Bog nam govori koje ćemo sve blagoslove primiti ako budemo u potpunosti poslušni našemu Bogu i ako budemo pažljivo vršili sve Njegove zapovijedi. Također nam govori i o prokletstvima koja će nas spopasti i nadvladati ako ne budemo pažljivo vršili sve Njegove zapovijedi i naloge.

Posebno se u tančine spominju vrste bolesti kojima ćemo biti izloženi ako iskažemo neposluh Bogu. To su: kuga, sušica, groznica, upala, žega i suša, medljika i snijet, „egipatski prištevi, čirevi, kraste i svrab, od kojih se nećeš moći izliječiti"; bjesnilo, sljepoća i ludilo, a neće biti nikoga da te spasi; ljuti prištevi po koljenima i po stegnima – od stopala nogu tvojih do tjemena na glavi tvojoj – od kojih se nećeš moći izliječiti (Ponovljeni zakon 28:21-35).

Ispravim razumijevanjem da je uzrok svake bolesti grijeh, ako ste se razboljeli, prvo se morate pokajati zato što niste živjeli po Riječi Božjoj i primiti oprost za grijehe. A kada primite ozdravljenje zato što živite po Riječi, nikada više ne smijete griješiti.

Slučaj u kojemu se netko razbolijeva čak iako ne smatra da je zgriješio

Neki kažu da su se razboljeli iako nisu griješili. Međutim, Riječ Božja govori nam da, ako budemo vršili što je pravo u Božjim očima, ako budemo vršili Njegove zapovijedi i držali sve Njegove zakone, Bog na nas neće pustiti nikakvu bolest. Ako smo se ipak razboljeli, moramo priznati da negdje na našem putu ipak nismo učinili što je pravo u Njegovim očima i da nismo držali Njegove zakone.

Pa što je, onda, grijeh koji prouzrokuje bolesti?

Ako se netko zdravim tijelom koje mu je Bog dao koristi bez uzdržavanja ili na nemoralan način, ako nije poslušan Njegovim zapovijedima, ako počinja pogreške ili ako vodi neorganizirani život, taj se dovodi u situaciju većeg rizika od razbolijevanja. U ovu kategoriju bolesti spadaju i gastroenterološke tegobe zbog prekomjerne i nepravilne prehrane, bolesti jetara zbog neprestanog pušenja i pijenja alkohola, ali i mnoge druge vrste bolesti nastale zbog prenaprezanja tijela.

Možda to nije grijeh sa stajališta čovjekova, ali u Božjim očima to je grijeh. Prekomjerno jedenje je grijeh zato što ono pokazuje pohlepu i nesposobnost suzdržavanja. Ako se netko razboli zbog nepravilne prehrane, njegov grijeh je taj da nije vodio rutinski život i nije poštivao točno vrijeme objedovanja, nego je umjesto toga zloporabio svoje tijelo bez uzdržavanja. Ako se netko razbolio nakon što je pojeo hranu koja još nije bila dovršena, njegov je grijeh nestrpljenje – ne postupanje prema istini.

Ako se netko služio nožem nepažljivo i porezao se, a rana se zagnojila, i to je također posljedica njegova grijeha. Da istinski ljubi Boga, Bog bi ga bio zaštitio od nesreća u svakom trenutku. Čak i ako je počinio pogrešku, Bog bi mu ipak pokazao izlaz, a budući da On djeluje za dobro onih koji Ga ljube, na tijelu ne bi bilo ožiljka. Rane i ozljede nastaju zato što ljudi nesmotreno djeluju, bez vrline, a nijedno od toga dvoga nije pravedno u Božjim očima, pa je stoga takvo djelovanje grješno.

Isto se to primjenjuje i na pušenje i na pijenje alkohola. Ako ste svjesni da pušenje omaglјuje vaš um, oštećuje bronhije i izaziva tumor, ali još uvijek ne možete prestati pušiti, i ako ste svjesni da otrov iz alkohola oštećuje crijeva i ostale tjelesne organe, ali još uvijek ne možete prestati piti alkohol, to su grješna djela. To pokazuje vašu nesposobnost suzdržavanja i vašu pohlepu, nedostatak ljubavi prema svome tijelu i nepoštivanje volje Božje. A kako da to ne bude grješno?

Čak i da nismo sigurni da su sve bolesti posljedica grijeha, u to možemo biti sigurni sada, kada smo preispitali brojne različite slučajeve i usporedili ih s Riječju Božjom. Uvijek moramo slušati Njegovu Riječ i živjeti po Njoj da bismo bili slobodni od svake bolesti. Drugim riječima, kada vršimo što je pravo u Njegovim očima, kada vršimo Njegove zapovijedi i držimo sve Njegove zakone, On će nas zaštititi i zakriliti nas od svake bolesti u svakom trenutku.

Bolesti izazvane neurozama i ostale duševne bolesti

Statistika nam govori da je u porastu broj ljudi oboljelih od neuroza i ostalih duševnih bolesti. Da su ljudi strpljivi, kao što nas tomu uči Riječ Božja, i da opraštaju, ljube i razumiju prema istini, lako bi se mogli osloboditi takvih bolesti. Međutim, u njihovim srcima još uvijek ima zla, a to im zlo zabranjuje da žive po Riječi. Duševni poremećaji pogoršavaju stanje ostalih dijelova tijela i imunološkog sustava, a naposljetku dovode do bolesti. Kada živimo po Riječi, naši se osjećaji neće uzburkati, nećemo imati naglu narav, a naš se um neće uzrujavati.

Ima onih oko nas koji se ne čine zlima nego dobrima, a ipak boluju od ovakvih bolesti. Budući da se sustežu od iskazivanja svih osjećaja, boluju od znatno teže bolesti od onih koji si daju oduška u srdžbi i bijesu. Dobrota, zapravo, nije agonija zbog konflikta različitih emocija, nego je ona, tomu nasuprot, razumijevanje drugih u opraštanju i ljubavi i utjeha u suzdržavanju i ustrajnosti.

Osim toga, kada ljudi svjesno počinjaju grijehe, obolijevaju od duševnih bolesti, tjeskobe i destrukcije. Budući da oni ne djeluju po dobroti, nego sve više padaju u zlo, njihove duševne tegobe stvaraju bolest. Moramo znati da su neuroza i ostali duševni poremećaji samoizazvani, prouzročeni našim vlastitim nerazboritim i zlim načinom života. Čak i u takvom slučaju, Bog ljubavi uvijek će ozdraviti sve one koji Ga traže i koji žele primiti Njegovo ozdravljenje. Štoviše, On će im dati i nadu u nebesa i omogućiti im da borave u istinskoj sreći i udobnosti.

Bolesti od neprijateljskog đavla također su posljedica grijeha

Neki su ljudi opsjednuti Sotonom i boluju od svih bolesti koje na njih pusti neprijateljski đavao. To je zato što su se odvrgnuli od volje Božje i udaljili od istine. Razlog velikom broju bolesnih ljudi, ljudi s tjelesnom invalidnošću i onih opsjednutih zlim dusima u obiteljima koje su u velikoj mjeri štovale kumire je taj da Bog mrzi na idolopoklonstvo.

U Knjizi izlaska 20:5-6 nalazimo ovo: *„Ne klanjaj im se niti im služi. Jer ja, Jahve, Bog tvoj, Bog sam ljubomoran. Kažnjavam grijeh otaca – onih koji me mrze – na djeci do trećeg i četvrtog koljena, a iskazujem milosrđe tisućama koji me ljube i vrše moje zapovijedi."* Dao nam je posebnu zapovijed, kojom nam je zabranio štovanje kumira. Iz Deset zapovijedi koje nam je dao, a osobito iz prve dvije – *„Nemoj imati drugih bogova uz Mene"* (redak 3) i *„Ne pravi sebi lika ni obličja bilo čega što je gore na nebu, ili dolje na zemlji, ili u vodama pod zemljom"* (redak 4) – lako možemo reći koliko Bog mrzi na idolopoklonstvo.

Ako se roditelji ogriješe o volju Božju i štuju kumire, i njihova će ih djeca, naravno, slijediti. Ako roditelji ne poštuju Riječ Božju i čine zlo, i njihova će ih djeca, naravno, slijediti i činit će zlo. Kada grijeh neposluha dođe do trećeg i četvrtog koljena, kao plaća za grijeh, njihovi će potomci bolovati od bolesti koje na njih pušta neprijateljski đavao.

Čak iako su roditelji štovali kumire, ali ako njihova djeca, iz dobrote srca svoga, ipak štuju Boga, On će pokazati svoju ljubav i milosrđe i blagoslovit će ih. Čak iako ljudi trenutačno boluju od bolesti koje je na njih pustio neprijateljski đavao, nakon što su se odvrgnuli od volje Božje i zastranili od istine, kad se pokaju i odvrate od grijeha, Jahve koji daje zdravlje očistit će ih. Neke od njih On će odmah ozdraviti, druge će pak ozdraviti kasnije, a neke će ozdraviti prema rastu njihove vjere. Djelo ozdravljenja odvijat će se po volji Božjoj: ako u Njegovim očima ljudi imaju nepromjenjivo srce, njih će odmah ozdraviti, međutim, ako su im srca prepredena, njih će ozdraviti kasnije.

Oslobodit ćemo se od bolesti kad budemo živjeli u vjeri

Budući da je Mojsije bio veoma skroman čovjek, najskromniji na zemlji (Knjiga brojeva 12:3) i najvjerniji u Božjoj kući, smatrali su ga vjernim slugom Božjim (Knjiga brojeva 12:7). Biblija nam također govori da, kad je Mojsije umro u dobi od sto dvadeset godina, oko mu nije oslabilo niti mu je snaga popustila (Ponovljeni zakon 34:7). Budući da je Abraham bio cjelovit čovjek koji je slušao po vjeri i štovao Boga, doživio je 175 godina (Knjiga postanka 25:7). Daniel je bio zdrav iako je jeo samo povrće (Daniel 1:12-16), a Ivan Krstitelj bijaše otporan iako mu hranom bijahu samo skakavci i divlji med (Evanđelje po Mateju 3:4).

Možda se netko pita kako ljudi uspijevaju ostati zdravi, a da ne jedu meso. Međutim, kad je Bog stvorio prvog čovjeka, rekao mu je da jede samo plodove. U Knjizi postanka 2:16-17 Bog govori čovjeku: *„Sa svakoga stabla u vrtu slobodno jedi, ali sa stabla spoznaje dobra i zla da nisi jeo! U onaj dan u koji s njega okusiš, zacijelo ćeš umrijeti!"* Nakon Adamova neposluha Bog mu je dopustio da se hrani samo poljskim raslinjem (Knjiga postanka 3:18), a kako je grijeh nastavio cvjetati u ovome svijetu, nakon Potopa, Bog je rekao Noi u Knjizi postanka 9:3: *„Sve što se kreće i živi neka vam bude za hranu: sve vam dajem, kao što vam dadoh zeleno bilje."* Kako je čovjek postupno postajao sve zločestijim, Bog mu je dopustio da jede meso, ali ne i „nečistu" hranu (Levitski zakonik 11; Ponovljeni zakon 14).

Za vrijeme Novoga zavjeta Bog nam u Djelima apostolskim 15:29 govori: *„Da se uzdržavate od mesa žrtvovanog idolima, od krvi, od udavljenog i od bluda. Budete li se od toga uzdržavali, dobro ćete činiti."* Dopustio nam je da jedemo hranu koja pogoduje našem zdravlju i savjetovao nam da se uzdržavamo od hrane koja je štetna za nas; a još bi nam bilo korisnije da ne jedemo nikakvu hranu i ne pijemo nikakvo piće koji se ne sviđaju Bogu. U onoj mjeri u kojoj budemo slijedili volju Božju i živjeli u vjeri, i naša će tijela ojačati, bolesti će nas napustiti, a neće nas spopasti nikakve druge bolesti.

Štoviše, nećemo se razboljeti kada živimo u pravednosti s vjerom jer je prije dvije tisuće godina Isus sišao utjelovljen na ovaj svijet i ponio sav naš teški teret. Ako vjerujemo da nas je prolijevanjem svoje krvi Isus otkupio od grijeha naših i da je uzeo slabosti naše i ponio bolesti (Evanđelje po Mateju 8:17) i da smo izliječeni, bit će nam po našoj vjeri (Izaija 53:5-6; Prva Petrova poslanica 2:24).

Prije nego što spoznamo Boga, nemamo vjere. Živimo u ispunjavanju težnji naše grješne prirode i bolujemo od raznih vrsta bolesti kao posljedica naših grijeha. No, kad budemo živjeli u vjeri i sve činili u pravednosti, bit ćemo blagoslovljeni tjelesnim zdravljem.

Zdrav duh u zdravom tijelu. Dok boravimo u pravednosti i djelujemo u skladu s Božjom Riječi, naša će se tijela napuniti Duha Svetoga. Bolesti će nas napustiti, a kako naša tijela budu primala tjelesno zdravlje, u nas neće ući nikakva bolest. Jer, naša će tijela biti u miru, osjećati se laganima, radosnima i zdravima, a mi nećemo oskudijevati, nego ćemo samo biti zahvalni Bogu zato što nam je podario zdravlje.

U ime našega Gospodina molim da djelujete u pravednosti i u vjeri da ćete, kako vam duh bude sve bolje, i vi ozdraviti od svih bolesti i slabosti i da primite zdravlje! Molim da i vi primite obilatu ljubav Božju dok budete poštivali Riječ Njegovu i živjeli po Njoj!

4. poglavlje

Njegove nas rane iscijeliše

Izaija 53:4-5

A on je naše bolesti ponio, naše je boli na se uzeo, dok smo mi držali da ga Bog bije i ponižava. Za naše grijehe probodoše njega, za opačine naše njega satriješe. Na njega pade kazna – radi našeg mira, njegove nas rane iscijeliše.

Isus kao Sin Božji izliječio je sve bolesti

Dok ljudi plove vlastitim strujama života, suočavaju se s raznovrsnim problemima. Baš kao što ni more nije uvijek mirno, i na moru života brojni su problemi povezani s kućom, poslom, bolesti, bogatstvom i tomu slično. Ne bi bilo nikakvo pretjerivanje izjaviti da je među svim tim problemima u životu najvažniji ipak bolest.

Bez obzira na količinu bogatstva i znanja koje neka osoba posjeduje, ako je pogodi teška bolest, sve za što je ta osoba radila cijeli svoj život postat će ništa doli mjehurić sapunice. S jedne strane, vidimo kako s napretkom materijalne civilizacije i porastom bogatstva raste i čovjekova želja za zdravljem. S druge pak strane, bez obzira koliko su se znanost i medicina razvile, neprestance se otkrivaju novi i rijetki sojevi bolesti – protiv kojih je ljudsko znanje beskorisno – a u stalnom porastu je i broj ljudi koji od njih obolijevaju. Možda se upravo zbog toga danas veći naglasak stavlja na zdravlje.

Patnje, bolesti i smrt – svi kao posljedica grijeha – prikazuju u malome čovjekova ograničenja. Baš kao što je to činio i u doba Staroga zavjeta, Jahve koji daje zdravlje i danas nam se objavljuje na način da ljudi koji u Njega vjeruju mogu ozdraviti od svih bolesti, samo svojom vjerom u Isusa Krista. Hajde da preispitamo Bibliju i pogledamo zašto mi primamo odgovor na problem bolesti i vodimo zdrav život po svojoj vjeri u Isusa Krista.

Kad je Isus upitao svoje učenike: „A vi – upita ih – za koga me držite?" „Ti si Krist, Sin Boga živoga!" odgovori mu Šimun Petar (Evanđelje po Mateju 16:15-16). Taj odgovor zvuči poprilično jednostavan, ali on ujedno otvoreno otkriva da je jedino Isus Krist.

Za Njegova djelovanja Isusa je pratilo mnoštvo naroda jer bi On odmah ozdravljao bolesnike. Donosili bi Mu opsjednute, padavičare, uzete i druge koji su bolovali od raznovrsnih bolesti. Kad bi gubavci, ljudi u groznici, hromi, slijepi i ostali ozdravljali samo kad bi se dotakli Isusovih haljina, počeli su Ga slijediti i služiti Mu. Koliko to mora da je bio veličanstven prizor? Kad su svjedočili takvim čudesima i znamenjima, ljudi su vjerovali u Isusa i prihvaćali Ga, primali odgovore na životne probleme, a bolesni su doživljavali djela ozdravljenja. Štoviše, baš kao što je Isus u svoje doba ozdravljao ljude, svatko tko dođe pred Isusa može primiti ozdravljenje i danas.

Uskoro nakon utemeljenja moje crkve cjelonoćnom misnom slavlju petkom nazočio je jedan invalid. Nakon prometne nesreće taj je čovjek liječen dugo vremena u bolnici. Međutim, budući da su mu bile istegnute tetive u koljenima, nije mogao saviti koljena, a budući da nije mogao pokretati listove, nije mogao ni hodati. Dok je slušao Riječ koju sam naviještao, čeznuo je da prihvati Isusa Krista i ozdravi. Kad sam usrdno molio za tog čovjeka, on je odmah ustao i počeo hodati i trčati. Baš kao što je hromi od rođenja na hramskim vratima zvanim Krasna skočio, stao i počeo hodati nakon Petrove molitve (Djela apostolska 3:1-

10), i ovdje se očitovalo čudesno djelo Božje.

To je dokaz da svi koji vjeruju u Isusa Krista i prime oprost za grijehe u Njegovo ime mogu u potpunosti ozdraviti od svih svojih bolesti – čak i u slučajevima kad ih medicinska znanost nije mogla izliječiti – a njihovo će se tijelo obnoviti i vratiti u prijašnje stanje. Bog, koji je isti jučer, danas i u vječnost (Poslanica Hebrejima 13:8), na djelu je u ljudima koji vjeruju u Njegovu Riječ i traže ovisno o mjeri svoje vjere, a On ozdravlja od raznih bolesti, otvara oči slijepima, a hromi počinju hodati.

Svatko tko je prihvatio Isusa Krista, dobio oprost za sve svoje grijehe i postao djetetom Božjim sada mora živjeti život u slobodi.

Preispitajmo sada u tančine zašto svaki od nas može voditi zdrav život kada povjeruje u Isusa Krista.

Isus bijaše bičevan i prolio je svoju krv

Prije nego što su Ga razapeli, rimski vojnici su bičevali Isusa, a On je prolio svoju krv u dvoru Poncija Pilata. Rimski vojnici iz Njegova doba bili su dobra zdravlja, iznimne snage i dobro obučeni. Na koncu, bili su to vojnici carstva koje je u to vrijeme vladalo svijetom. Strašni bolovi koje je Isus podnio kad su Ga ti snažni vojnici svukli i bičevali ne mogu se prikladno opisati riječima. Svakim udarcem biča bič se omatao oko Isusova tijela i urezivao u Njegovo tijelo, dok Mu je s tijela kapala krv.

Zašto su Isusa, Sina Božjega, koji je bez grijeha, mane i prijekora, morali tako strašno bičevati i zašto je On morao iskrvariti za nas grješnike? U ovaj događaj utkane su duboke duhovne implikacije i čudesna Božja providnost.

U Prvoj Petrovoj poslanici 2:24 kaže se da smo mi Isusovom modricom izliječeni. U Izaiji 53:5 čitamo da nas Njegove rane iscijeliše. Prije otprilike dvije tisuće godina Isusa, Sina Božjega, bičevali su da bi nas On time otkupio od agonije bolesti, a krv koju je On prolio bijaše za naš grijeh neživljenja po Riječi Božjoj. Kad povjerujemo u Isusa koji je bio bičevan i prolio svoju krv, već ćemo biti oslobođeni od svojih bolesti i izliječeni. To je znak čudesne ljubavi i mudrosti Božje.

Dakle, ako, kao dijete Božje, bolujete od neke bolesti, pokajte se za svoje grijehe i vjerujte da ste već izliječeni. Budući da „*Vjera je čvrsto stajanje na onom čemu se nadamo, uvjerenje o stvarima kojih se ne vidi*" (Poslanica Hebrejima 11:1), čak i ako osjećate boli u oboljelim dijelovima tijela, uistinu ćete uskoro ozdraviti po vjeri, po kojoj možete reći: „Već sam ozdravio".

Jednom sam još u osnovnoj školi ozlijedio jedno rebro, a kad se bol vraćala s vremena na vrijeme, bila je toliko nesnosna da sam imao teškoća i s disanjem. Godinu ili dvije nakon što sam prihvatio Isusa Krista, bol se ponovno javila kad sam pokušao podignuti teški predmet i nisam mogao napraviti više nijednog koraka. Bez obzira na to, budući da sam doživio moć Boga Svemogućega i vjerovao u nju, usrdno sam molio ovako: „Kad se pokušam pomaknuti nakon molitve, vjerujem da će boli nestati i da ću moći hodati". Budući da sam vjerovao samo u Boga Svemogućega i izbrisao misao o boli, mogao sam ustati i hodati. Bilo je to kao da je bol bila puka uobrazilja.

Kao što nam Isus govori u Evanđelju po Marku 11:24: „ *Zato vam kažem: sve što moleći pitate, vjerujte da ste to već primili, i primit ćete* ", ako vjerujemo da smo već ozdravili, uistinu ćemo i primiti ozdravljenje već po svojoj vjeri. Međutim, ako mislimo da još uvijek nismo ozdravili zbog boli koja i dalje traje, bolest neće biti izliječena. Drugim riječima, tek kad probijemo vlastiti misaoni sklop, sve će se vršiti po našoj vjeri.

Upravo zato nam Bog i govori da je težnja tijela neprijateljstvo prema Bogu (Poslanica Rimljanima 8:7) i potiče nas da zarobljujemo svako mišljenje, tako da se Kristu pokorava (Druga poslanica Korinćanima 10:5). Nadalje, u Evanđelju po Mateju 8:17 čitamo da Isus slabosti naše uze i ponese bolesti. Ako mislite: 'Slab sam', jedino što će se dogoditi je da i ostanete slabi. Međutim, bez obzira koliko vam je život možda bio težak i iscrpljujući, ako priznate ustima: „Budući da u sebi imam snagu i milost Božju i da mnome vlada Duh Sveti, nisam iscrpljen", nestat će iscrpljenosti, a vi ćete se pretvoriti u čvrstu osobu.

Ako sa sigurnošću vjerujemo u Isusa Krista, koji slabosti naše uze i ponese bolesti, moramo imati na umu da nema razloga za bolovanje.

Kad Isus vidje njihovu vjeru

Sad kad nas je Isusovo bičevanje ozdravilo od naših bolesti, ono što nam je potrebno jest vjera po kojoj to možemo vjerovati. Danas mnogi koji prije nisu vjerovali u Isusa Krista dolaze pred Njega sa svojim bolestima. Neki ozdravljaju odmah nakon što prihvate Isusa Krista, dok drugi pak ne pokazuju nikakve znake poboljšanja, čak ni nakon mjeseci provedenih u molitvi. Ovi se drugi moraju osvrnuti i preispitati svoju vjeru.

Hajde da na primjeru iz Evanđelja po Marku 2:1-12 preispitamo kako su uzeti i njegova četiri prijatelja pokazali svoju vjeru, prisilili iscjeljujuću ruku Gospodinovu da ga oslobodi od bolesti i slavili Boga.

Kad je Isus došao u Kafarnaum, brzo se pročulo da je doma i skupiše se mnogi. Isus im je navješćivao Riječ Božju – istinu – a mnoštvo je pozorno slušalo, ne propuštajući nijednu Isusovu riječ. Tada dođoše četvorica noseći uzetoga na postelji, ali zbog mnoštva naroda ne mogoše donijeti uzetoga bliže k Isusu.

Međutim, nisu se predali. Tomu nasuprot, popeli su se na krov kuće u kojoj je Isus bio, skinuli krov iznad Njega i kroza nj spustili postelju na kojoj je ležao uzeti. Kad Isus vidje njihovu vjeru, reče uzetome: „Sinko, opraštaju ti se grijesi!...ustani, uzmi postelju svoju i idi kući svojoj!" i uzeti je tako primio ozdravljenje koje je toliko usrdno želio. Kad on uze postelju svoju i iziđe na očigled sviju, svi su se snebivali i slavili Boga.

Uzeti je bolovao od toliko teške bolesti da se nije mogao sâm kretati. Kad je uzeti čuo vijesti o Isusu, koji je činio da slijepi progledaju, da hromi ustaju i hode, da gubavci ozdravljaju, koji je izgonio zle duhove i ozdravio mnoge koji su bolovali od raznih bolesti, on je očajnički želio upoznati Isusa. Budući da je imao dobro srce, kad je uzeti čuo vijesti o Isusu, čeznuo je za tim da Ga upozna.

A onda je jednog dana uzeti čuo da je Isus došao u Kafarnaum. Možete li uopće zamisliti koliko mora da je on bio veseo kad je to čuo? Mora biti da je tražio prijatelje koji bi mu mogli pomoći, a njegovi prijatelji, koji su, nasreću, i sâmi imali vjere, spremno su prihvatili molbu svojeg prijatelja. Budući da su i prijatelji uzetoga čuli vijesti o Isusu, kad ih je njihov prijatelj usrdno zamolio da ga odvedu k Njemu, oni su pristali.

Da su prijatelji uzetoga zanemarili njegovu molbu i ismijali ga govoreći: „Kako uopće možeš vjerovati u takvo što kad to nisi sâm vidio svojim očima?", ne bi se bili toliko potrudili da pomognu svojem prijatelju. Međutim, budući da su i sâmi imali vjere, donijeli su svojega prijatelja na postelji, svaki od njih nosio je jedan kraj postelje, a čak su se i toliko namučili da skinu krov u kući u kojoj je Isus bio.

Kad su, nakon svojeg teškog putovanja, vidjeli koliko se mnoštvo naroda okupilo i kad se zbog mnoštva naroda nisu uspjeli približiti Isusu, koliko samo mora da su bili zabrinuti i klonuli duhom? Mora biti da su tražili, pa čak i preklinjali za mali prolaz. Međutim, zbog mnoštva okupljenog naroda nisu vidjeli prolaza i postajali su očajni. Na koncu su odlučili da se popnu na krov kuće u kojoj je Isus bio, da skinu krov na tom mjestu i da spuste svojeg prijatelja na postelji pred Isusa. Da bi došao i vidio Isusa, uzeti je prevalio mnogo veću udaljenost od bilo koga okupljenog u mnoštvu naroda. I na primjeru ove pripovijesti možemo naučiti koliko su samo uzeti i njegovi prijatelji čeznuli da dođu pred Isusa.

Moramo obratiti pozornost i na činjenicu da uzeti i njegovi prijatelji nisu jednostavno došli pred Isusa. Činjenica da se toliko namučili da se susretnu s Njime samo zato što su čuli vijesti o Njemu govori nam da su oni vjerovali u vijesti o Njemu i u poruku koju je On navješćivao. Štoviše, savladavanjem očitih prepreka, ustrajnošću i agresivnim pristupom Isusu uzeti i njegovi prijatelji pokazali su koliko su samo bili skromni kad su došli pred Njega.

Kad su ljudi vidjeli kako se uzeti i njegovi prijatelji penju na krov i skidaju ga na jednom mjestu, moguće je da im se mnoštvo i rugalo ili se čak i srdilo na njih. Možda se dogodilo čak i nešto što mi ne možemo niti zamisliti. Međutim, ovoj petorici ništa i nitko nisu mogli spriječiti put. Ako dođu pred Isusa, uzeti će ozdraviti, a oni će lako popraviti krov ili naknaditi štetu na krovu.

Pa ipak je, među mnoštvom onih koji danas boluju od teških bolesti, teško pronaći pacijenta ili člana njegove obitelji koji pokazuju vjeru. Umjesto da agresivno pristupe Isusu, oni olako govore: „Strašno sam bolestan. Želio bih poći onamo, ali ne mogu" ili „Taj i taj u mojoj obitelji toliko je slab da se ne smije micati." Lako je klonuti duhom kad vidiš toliko pasivne ljude koji, čini se, samo čekaju da im u usta padne jabuka sa stabla. Drugim riječima, ti ljudi nemaju dovoljno vjere.

Ako ljudi ispovijedaju svoju vjeru u Boga, mora postojati i doza ozbiljnosti kojom mogu i pokazati svoju vjeru. Jer, nitko ne može doživjeti djelo Božje po vjeri koja se samo primi i spremi kao znanje; tek kad osoba očituje svoju vjeru na djelu, njezina vjera postaje živa vjera i tek onda će se izgraditi temelji vjere za primanje duhovne vjere koju daje Bog. Dakle, baš kao što je i uzeti primio djelo Božjeg ozdravljenja na svoj temelj vjere, tako i mi moramo postati mudri i pokazati Mu naše temelje vjere – sâme vjere – pa da i mi možemo živjeti život u kojemu primamo duhovnu vjeru koju daje Bog i doživjeti Njegova čudesa.

Oprošteni su ti grijesi

Uzetom, koji je došao pred Njega uz pomoć svoje četvorice prijatelja, Isus je rekao: „Sinko, opraštaju ti se svi grijesi!" i tako riješio problem grijeha. Budući da mi ne možemo primiti odgovore dok između nas i Boga postoji zid grijeha, Isus je prvo riješio problem grijeha za uzetoga, koji je došao k Njemu s temeljima vjere.

Ako istinski ispovijedamo svoju vjeru u Boga, Biblija nam govori s kakvim stavom moramo doći pred Njega i kako se moramo ponašati. Vršenjem takvih zapovijedi, kao što su:

„Čini", „Ne čini", „Drži", „Odbaci" i tomu slično, nepravednik će se pretvoriti u pravednika, a lažac u iskrenu i časnu osobu. Kada slušamo Riječ istine, grijehe će nam oprati prolivena krv našega Gospodina, a kada primimo oprost, odozgo će na nas sići Božja zaštita i odgovori.

Budući da je uzrok svih bolesti grijeh, kad se riješi problem grijeha, uspostavlja se stanje u kojemu se mogu očitovati Božja djela. Baš kao što se žaruljica pali i stroj počinje raditi kad električna energija uđe u anodu i iziđe iz katode, tako će i Bog, kad vidi temelje naše vjere, dati oprost i vjeru odozgor te tako očitovati čudo.

„Ustani, uzmi postelju svoju i idi kući svojoj!" Koliko ta rečenica grije srce? Kad je vidio vjeru uzetoga i njegove četvorice prijatelja, Isus je riješio problem grijeha, a uzeti je odmah prohodao. Nakon dugo vremena priželjkivanja, ponovno je postao cio. Isto tako, ako mi želimo primiti odgovor, ne samo na bolest, nego i na bilo koji problem koji imamo, moramo imati na umu da prvo moramo primiti oprost za svoje grijehe i tako očistiti svoja srca.

Kad ljudi imaju slabu vjeru, moguće je da će tražiti rješenje svoje bolesti oslanjanjem na medicinu i liječnike, ali sad, kad je njihova vjera narasla i kada ljube Boga i žive po Njegovoj Riječi, bolest ih više ne napada. Čak i ako su se razboljeli, kad se prvo osvrnu na sebe i na svoj život, kad se iz dubine srca svoga pokaju za grijehe i kad se odvrate od svojeg grješnog načina života, odmah primaju ozdravljenje. Znam da su mnogi od vas imali takvo iskustvo.

Prije nekog vremena jednom starješini iz moje crkve dijagnosticirano je prsnuće diska u kralježnici i, odjednom, se više nije mogao kretati. Odmah se osvrnuo na svoj život, pokajao i primio moju molitvu. Božje djelo ozdravljenja smjesta se očitovalo i on je ozdravio.

Dok je njezina kći bolovala od vrućice, djetetova majka spoznala je da je upravo njezina nagla narav u korijenu bolesti njezine kćeri, a kad se pokajala, dijete je ozdravilo.

Da bi spasio cijelo čovječanstvo, koje je zbog Adamova neposluha bilo na putu k uništenju, Bog je poslao Isusa Krista na ovaj svijet i dopustio da Njega razapnu na drvo križa zbog nas. Zato što u Bibliji stoji: „*I bez prolijevanja krvi nema oproštenja*" (Poslanica Hebrejima 9:22) i „*Proklet svaki koji je obješen na drvo!*" (Poslanica Galaćanima 3:13)

Sad kad znamo da je korijen problema bolesti u grijehu, moramo se pokajati za sve svoje grijehe i usrdno vjerovati u Isusa Krista koji nas je otkupio od naših bolesti, a s tom vjerom trebamo voditi zdrav život. Mnoga braća danas doživljavaju ozdravljenje, svjedočeći tako moći Božjoj, a time i Bogu živomu. To nam pokazuje da će, svima koji prihvate Isusa Krista i zatraže u Njegovo ime, biti odgovoreno na sve probleme bolesti. Bez obzira koliko teška bila nečija bolest, ako ta osoba vjeruje u svom srcu u Isusa Krista, koji je bičevan i prolio svoju krv, očitovat će se čudesna Božja djela ozdravljenja.

Vjera usavršena djelima

Baš kao što je i uzeti primio ozdravljenje uz pomoć svoje četvorice prijatelja nakon što su Isusu pokazali svoju vjeru, tako i mi, ako želimo primiti želje svoga srca, moramo Bogu pokazati svoju vjeru popraćenu djelima, te time udariti temelje vjere. Da bih pomogao čitateljima da bolje razumiju „vjeru", donosim i kratko objašnjenje.

U životu u Kristu „vjera" se može podijeliti i objasniti u dvije kategorije. „Vjera tijela" ili „vjera kao znanje" odnose se na vrstu vjere po kojoj osoba može vjerovati zbog fizičkih dokaza, a Riječ odgovara znanju i mislima. Tomu nasuprot, „duhovna vjera" je vrsta vjere po kojoj osoba može vjerovati čak i ako ne može vidjeti i ako Riječ ne odgovara znanju i mislima.

Po „vjeri tijela" osoba vjeruje da je nešto vidljivo stvoreno samo iz nečega drugoga, što je isto tako vidljivo. Po „duhovnoj vjeri", koju osoba ne može imati ako u obzir uzima samo svoje vlastite misli i znanje, osoba vjeruje da se nešto vidljivo može stvoriti iz nečega drugoga, što nije vidljivo. Za ovu drugu vrstu vjere potrebno je uništiti vlastito znanje i misli.

Od rođenja u mozgu svake osobe zapisuje se neprocjenjiva količina znanja. Zapisuje se sve što osoba vidi i čuje. Zapisuje se sve što nauči kod kuće i u školi. Zapisuje se sve što nauči u raznim okružjima i uvjetima. Međutim, budući da nije svako zapisano znanje istinito, ako je išta od toga u suprotnosti s Riječju Božjom, naravno da to moramo odbaciti. Primjerice, u školi učimo da je svako živo biće evoluiralo iz monade u višestanični organizam, ali u Bibliji učimo da je sva živa bića stvorio Bog, po vrstama. Što sad? Zabludu teorije evolucije već je dokazala i sâma znanost, i to u više navrata. Pa kako je, onda, moguće, čak i s ljudskim razmišljanjem, da je majmun evoluirao u čovjeka, a žaba u pticu određene vrste tijekom stotina milijuna godina? Čak i logika govori u prilog stvaranja.

Slično tomu, kad se „vjera tijela" preobrazi u „duhovnu vjeru", kad odbacite svoje sumnje, stajat ćete na stijeni vjere. Osim toga, ako ispovijedate svoju vjeru u Boga, sada morate u praksi primijeniti Riječ koju ste spremili kao znanje. Ako ispovijedate da vjerujete u Boga, morate sâmi biti svjetlo svetkovanjem Dana Gospodnjega, ljubljenjem bližnjega svoga i vršenjem Riječi istine.

Da je uzeti iz Evanđelja po Marku 2 ostao kod kuće, ne bi ni bio izliječen. Međutim, budući da je on vjerovao da će ozdraviti kad dođe pred Isusa i budući da je očitovao svoju vjeru primjenom i iskorištavanjem svih mogućih metoda, uzeti je mogao primiti ozdravljenje. Sve da se netko tko želi sagraditi kuću samo moli: „Gospodine, vjerujem da će kuća biti sagrađena", ni stotine tisuća molitvi neće dovesti do toga da se kuća sagradi sâma od sebe. On mora obaviti i svoj dio posla pripremom temelja, kopanjem tla, postavljanjem stupova i sve ostalo, ukratko, potrebna su „djela".

Ako vi ili bilo tko iz vaše obitelji boluje od neke bolesti, vjerujte da će Bog dati oprost i očitovati djelo ozdravljenja kada vidi da su svi u vašoj obitelji ujedinjeni u ljubavi, jedinstvo koje će On smatrati temeljem vjere. Neki kažu da će, kako postoji vrijeme za sve, doći vrijeme i za ozdravljenje. Međutim, imajte na umu da je „vrijeme" kada čovjek udari temelje vjere pred Bogom.

U ime našega Gospodina molim da primite odgovore na svoje bolesti, ali i na sve drugo što tražite, i da slavite Boga!

5. poglavlje

Moć ozdravljenja slabosti

Evanđelje po Mateju 10:1

Poslije toga pozove k sebi učenike da im dade vlast nad nečistim duhovima da ih izgone i liječe svaku bolest i svaku slabost.

Moć ozdravljenja bolesti i slabosti

Mnogi su načini da se nevjernicima dokaže postojanje Boga živoga, a ozdravljenje od bolesti jedan je od takvih načina. Kad ljudi boluju od neizlječivih i terminalnih bolesti, protiv kojih je beskorisna primjena medicinske znanosti, i kad prime ozdravljenje, više ne mogu nijekati moć Boga Stvoritelja, nego povjeruju u tu moć i slave Ga.

Unatoč svojem bogatstvu, autoritetu, slavi i znanju, brojni ljudi danas ne uspijevaju riješiti problem bolesti i ostavljeni su u strahu od bolesti. Čak iako se mnoge bolesti ne mogu izliječiti ni s najrazvijenijim oblikom medicinske znanosti, kad ljudi povjeruju u Boga Svemogućega, kad se oslone na Njega i kad problem bolesti predaju Njemu, mogu se izliječiti sve neizlječive i terminalne bolesti. Naš je Bog svemogući Bog, kojemu ništa nije nemoguće i koji može stvoriti nešto ni iz čega, učiniti da suhi štap propupa i procvjeta (Knjiga brojeva 17:8) i oživljavati mrtve (Evanđelje po Ivanu 11:17-44).

Moć našega Boga uistinu može ozdravljati svaku bolest i slabost. U Evanđelju po Mateju 4:23 čitamo ovako: „*Isus je obilazio po svoj Galileji učeći u njihovim sinagogama, propovijedajući Radosnu vijest o Kraljevstvu te ozdravljajući svaku bolest i nemoć u narodu*", a u Evanđelju po Mateju 8:17 čitamo ovako: „*Tako se ispuni riječ proroka Izaije: ,On slabosti naše uze i ponese bolesti.'*" U ovim odlomcima čitamo o „bolesti", „nemoći" i „slabosti".

Ovdje se „slabosti" ne odnose na relativno lake bolesti, poput prehlade ili vrtoglavice. To je abnormalno stanje u kojemu su paralizirane funkcije tijela, dijelovi tijela ili organi ili se njihovo stanje pogoršalo zbog neke nesreće ili pogreške roditelja te osobe ili njezine vlastite pogreške. Primjerice, nijemi, gluhi, slijepi, hromi, oni koji boluju od dječje paralize (poznate još i pod nazivom polio) i ostali – svi oni koji se ne mogu izliječiti znanjem ljudskim – sve se to može nazvati „slabostima". Osim stanja izazvanih nesrećama ili pogreškama roditelja ili vlastitim pogreškama, kao u slučaju slijepca od rođenja u Evanđelju po Ivanu 9:1-3, ima onih koji boluju od slabosti da bi se mogla očitovati slava Božja. Međutim, takvi su slučajevi rijetki jer je većina njih izazvana neznanjem i pogreškama ljudi.

Kad se ljudi pokaju i prihvate Isusa Krista dok se trude vjerovati u Boga, On im daje Duha Svetoga na dar. Zajedno s Duhom Svetim oni primaju i pravo da postanu djecom Božjom. Kad je Duh Sveti s njima, osim u najtežim i najozbiljnijim slučajevima, ozdravljaju od većine bolesti. Sâma činjenica da su primili Duha Svetoga omogućuje da na njih siđe oganj Duha Svetoga i da spali njihove rane. Štoviše, čak ako netko boluje i od kritične bolesti, kad se usrdno moli u vjeri, kad sruši zid grijeha između sebe i Boga, kad se odvrati od života u grijehu i pokaje, on će primiti ozdravljenje po svojoj vjeri.

„Oganj Duha Svetoga" ovdje se odnosi na krštenje ognjem koje se odvija nakon što se primi Duh Sveti, a u Božjim očima to je Njegova moć. Kad su se otvorile duhovne oči Ivana Krstitelja i kad je on progledao, opisao je oganj Duha Svetoga kao „krštenje ognjem". U Evanđelju po Mateju 3:11 Ivan Krstitelj govori: „*Ja vas doduše krstim vodom za obraćenje, ali onaj koji dolazi iza mene jači je od mene. Ja nisam dostojan skinuti mu obuću. On će vas krstiti Duhom Svetim i ognjem.*" Krštenje ognjem ne događa se bilo kad, nego tek kad se netko napuni Duha Svetoga. Budući da oganj Duha Svetoga uvijek silazi na onoga koji je napunjen Duha Svetoga, spalit će se svi njegovi grijesi i bolesti, a on će početi voditi zdrav život.

Kad se krštenjem ognjem spali prokletstvo bolesti, bolesni ozdravljaju od većine bolesti; međutim, slabosti se ne mogu spaliti, čak ni krštenjem ognjem. Pa kako se, onda, ozdravlja od slabosti?

Sve slabosti mogu se izliječiti jedino moći koju daje Bog. I zato u Evanđelju po Ivanu 9:32-33 čitamo ovako: „*Nikada se nije čulo da je tko otvorio oči slijepcu od rođenja! Kad on ne bi dolazio od Boga, ne bi mogao ništa činiti.*"

A u Djelima apostolskim 3:1-10 nailazimo na prizor u kojemu Petar i Ivan, koji su obojica primili moć Božju, pomažu hromom od rođenja da ustane molitvom kod hramskih vrata zvanih „Krasna". Kad mu Petar u retku 6 kaže: „*Srebra i zlata nemam, ali što imam to ti dajem: u Ime Isusa Krista Nazarećanina, hodaj!*" i kad ga uhvati za desnu ruku, hromom odmah ojačaše noge i gležnji i on poče slaviti Boga. Kad ljudi vidješe gdje hoda i slavi Boga čovjek koji je dotad bio hrom, bijahu puni čuđenja i izvan sebe.

Ako netko želi primiti ozdravljenje, on mora posjedovati vjeru po kojoj vjeruje u Isusa Krista. Makar je hromi možda bio samo prosjak, budući da je povjerovao u Isusa Krista, mogao je primiti ozdravljenje kad su oni koji su primili moć Božju molili za njega. I zato nam Sveto pismo poručuje: „I zbog vjere u njegovo Ime, njegovo je Ime ojačalo čovjeka koga vidite i poznajete. Vjera koja dolazi od njega dala je tome to potpuno zdravlje naočigled vas sviju" (Djela apostolska 3:16).

U Evanđelju po Mateju 10:1 vidimo kako Isus svojim učenicima daje moć protiv nečistih duhova, da ih izgone i da ozdravljaju od svake vrste bolesti i svake vrste slabosti. U doba Staroga zavjeta Bog je moć ozdravljenja od slabosti davao svojim ljubljenim prorocima, uključujući Mojsiju, Eliju i Elizeja, a u doba Novog zavjeta Božja je moć bila s apostolima poput Petra i Pavla i vjernim djelatnicima Božjim poput Stjepana i Filipa.

Kad jednom netko primi moć Božju, ništa mu nije nemoguće jer on može pomagati hromima, ozdraviti one koji boluju od dječje paralize i omogućiti im da ponovno hodaju, otvoriti oči slijepima, otvoriti uši gluhima i odriješiti jezik gluhonijemih.

Razni načini ozdravljanja slabosti

1. Moć Božja ozdravila gluhonijemog

U Evanđelju po Marku 7:31-37 nailazimo na prizor u kojemu

je moć Božja ozdravila gluhonijemog. Kad su ljudi donijeli tog čovjeka k Isusu i zamolili Ga da stavi na nj ruku, Isus ga povede iz mnoštva naroda nasamo te stavi svoje prste u njegove uši. Onda se svojom pljuvačkom dotaknu njegova jezika. Zatim pogleda u nebo, uzdahnu te mu reče: „,,Effatha!' – to znači: Otvori se!'" (redak 34) Odmah mu se otvoriše uši i odriješiše okovi njegova jezika, te je pravilno govorio.

Zar nije moguće Bogu, koji je stvorio sve u ovom svemiru svojom Riječju, da ozdravi tog čovjeka isto tako svojom Riječju? Zašto je Isus svoje prste stavio u čovjekove uši? Budući da gluhi ne čuju zvukove i komuniciraju jedino jezikom znakova, taj čovjek ne bi mogao dobiti vjeru kao drugi da je Isus samo govorio zvukovima. Budući da je Isus znao da tom čovjeku nedostaje vjere, On je svoje prste stavio u njegove uši da bi zbog dodira prstiju čovjek zadobio vjeru po kojoj će moći ozdraviti. Najvažniji je element vjera po kojoj čovjek vjeruje da može ozdraviti. Isus je bio mogao ozdraviti tog čovjeka svojom Riječju, ali budući da taj čovjek nije čuo, Isus mu je usadio vjeru i omogućio da on primi ozdravljenje tom metodom.

Pa zašto se, onda, Isus svojom pljuvačkom dotaknuo čovjekova jezika? Činjenica da je Isus pljunuo govori nam da je zao duh izazvao njemoću tog čovjeka. Da vam netko pljune u lice bez posebnog razloga, kako biste reagirali? To je čin prljanja i nemoralnog ponašanja kojim se u potpunosti podcjenjuje nečija osobnost. Budući da pljuvanje općenito simbolizira nepoštivanje i ponižavanje, i Isus je pljunuo da bi izgnao zlog duha.

U Knjizi postanka vidimo da je Bog prokleo zmiju da jede zemlju sveg života svoga. To se, drugim riječima, odnosi na Božje prokletstvo neprijateljskog đavla i Sotone, koji su naveli zmiju da iskušava čovjeka načinjenog od zemaljskog praha. I zato još od Adamova doba neprijateljski đavao nastoji si za plijen uzeti čovjeka i traži svaku mogućnost da ga muči i proždire. I baš kao što muhe, komarci i grinje obitavaju na prljavim mjestima, tako i neprijateljski đavao obitava u ljudima čija su srca ispunjena grijehom, zlom i naglom naravi, a njihove misli zarobljuje poput talaca. Moramo shvatiti da od svojih bolesti ozdraviti mogu samo oni koji žive i djeluju po Riječi Božjoj.

2. Moć Božja ozdravila slijepca

U Evanđelju po Marku 8:22-25 nailazimo na sljedeće:

Dođu u Betsaidu. I dovedu mu slijepca. Zamole Isusa da ga se dotakne. On prihvati slijepcu ruku, izvede ga izvan sela, pljune mu u oči, stavi na nj ruke i zapita ga: ‚Vidiš li išta?‘ On pogleda uvis i reče: ‚Vidim ljude, pričinjaju mi se kao stabla koja hodaju.‘ Zatim mu ponovno stavi ruke na oči. On potpuno progleda i ozdravi, tako da je sve jasno vidio.

Kad je Isus molio za ovoga slijepca, On je pljunuo na čovjekove oči. A zašto slijepac nije progledao nakon što se Isus prvi put molio za njega, nego tek nakon što se Isus molio drugi put? Svojom moći Isus je mogao u potpunosti ozdraviti tog čovjeka, međutim, budući da je čovjekova vjera bila mala, Isus je molio drugi put i pomogao mu da zadobije vjeru. Na taj nas način Isus uči da, kad neki ljudi ne uspijevaju ozdraviti kad prvi put prime molitvu, moramo se za takve ljude moliti i dva, i tri, pa čak i četiri puta dok se ne bude moglo zasaditi sjeme vjere po kojoj oni mogu povjerovati u svoje ozdravljenje.

Isus, kojemu ništa nije nemoguće, je molio i ponovno je molio jer je znao da slijepac ne može ozdraviti po svojoj vjeri. A što da mi činimo? S još više preklinjanja i molitve moramo ustrajati dok ne primimo ozdravljenje.

U Evanđelju po Ivanu 9:6-9 nailazimo na slijepca od rođenja koji je primio ozdravljenje nakon što je Isus pljunuo na zemlju, pljuvačkom načinio blato, a potom tim blatom premazao slijepcu oči. Zašto ga je Isus ozdravio tako što je pljunuo na zemlju, pljuvačkom načinio blato, a potom tim blatom premazao slijepcu oči? Pljuvačka se ovdje ne odnosi ni na što nečisto; Isus je pljunuo na zemlju da bi načinio blato i da bi onda njime premazao slijepcu oči. Isus je svojom pljuvačkom načinio blato i zbog toga što je vladao manjak vode. Često, kad djeci izbiju prištevi po koži ili ih ugrize neki kukac, roditelji s ljubavlju na to mjesto stavljaju svoju pljuvačku. Moramo shvatiti ljubav našega Gospodina koji se koristio raznim načinima da bi slabi zadobili vjeru.

Kad je Isus slijepcu blatom premazao oči, čovjek je u svojim očima osjetio to blato i zadobio vjeru po kojoj je mogao primiti ozdravljenje. Nakon što je Isus ulio vjeru u slijepca, čija je vlastita vjera bila mala, Njegovom su se moći otvorile slijepčeve oči.

Isus nam govori: *„Ako ne vidite čudesnih znamenja, doista ne povjerujete"* (Evanđelje po Ivanu 4:48). Danas je nemoguće pomoći ljudima da zadobiju vjeru po kojoj mogu povjerovati samo uz pomoć Riječi iz Biblije, a da oni prvo ne svjedoče znamenjima i čudesnim ozdravljenjima. U vremenu, u kojemu su znanost i ljudsko znanje nevjerojatno uznapredovali, iznimno je teško zadobiti duhovnu vjeru i vjerovati u nevidljivoga Boga. Često čujemo „Vidjeti znači vjerovati." Slično tomu, budući da će ljudska vjera rasti i budući da će se očitovati djela ozdravljenja još brže kad ljudi vide opipljive dokaze Boga živoga, „čudesna znamenja i čudesa" apsolutno su neophodna.

3. Moć Božja ozdravila je hromog

Dok je Isus navješćivao Radosnu vijest i ozdravljao ljude koji su bolovali od svakovrsnih bolesti, i Njegovi su učenici očitovali moć Božju.

Kad je Petar hromom prosjaku zapovjedio: *„U Ime Isusa Krista Nazarećanina, hodaj!"* (redak 6) i uhvatio ga za desnu ruku, njemu odmah ojačaše noge i gležnji, pa skoči, stade i poče hodati (Djela apostolska 3:6-10). Kad su ljudi vidjeli čudesna znamenja i čudesa koje je Petar očitovao nakon što je primio Božju moć, još je više njih povjerovalo u Gospodina. Iznosili su na ulice bolesnike te ih postavljali na postelje i nosila, da barem sjena Petrova, dok je on prolazio, padne na nekoga od njih. A i pučanstvo je iz okolnih gradova i Jeruzalema dolazilo doseći bolesnike i one koje su mučili nečisti duhovi. I svi su bivali iscijeljeni (Djela apostolska 5:14-16).

U Djelima apostolskim 8:5-8 čitamo ovako: *„Tako Filip siđe u grad Samariju i stanovnicima propovijedaše Krista. Ljudi su jednodušno pazili na ono što je Filip govorio, jer su slušali i gledali znamenja koja je činio. Nečisti su duhovi, naime, izlazili s velikom vikom iz mnogih opsjednutih, a mnogi uzeti i hromi biše ozdravljeni. I nastade velika radost u onome gradu"* (Djela apostolska 8:5-8).

U Djelima apostolskim 14:8-12 čitamo o čovjeku bolesnih nogu, koji, hrom od majčine utrobe, nikada nije mogao hodati. Nakon što je čuo Pavlovu poruku i zadobio vjeru po kojoj može dobiti spasenje, kad mu je Pavao zapovjedio: *„Uspravi se na noge!"* (redak 10), on skoči i prohoda. Oni koji su tome svjedočili tvrdili su: *„Bogovi su u ljudskom obličju sišli k nama"* (redak 11).

U Djelima apostolskim 19:11-12 vidimo sljedeće: *„Bog je tako neobična čudesa činio po Pavlu, te se na bolesnike stavljalo rupce za znoj ili pregače što bi dotakli njegovo tijelo, pa bi se bolesti udaljavale od njih, a zli duhovi izlazili."* Koliko je samo čudesna i prekrasna moć Božja?

Putem ljudi čija su srca ostvarila posvećenost i potpunu ljubav, poput Petra, Pavla i Stjepana, moć se Božja i dan danas očituje. Kad ljudi dođu pred Boga s vjerom i željom da ozdrave od svojih slabosti, mogu ozdraviti kad prime molitvu sluge Božjeg kroz kojega On djeluje.

Od osnutka crkve Manmin živi mi je Bog omogućio da očitujem mnoštvo čudesnih znamenja i čudesa, usadio je vjeru u srca članova crkve i donio veliku obnovu.

Bila je jednom jedna žena koja je bila predmetom zlostavljanje svojeg supruga alkoholičara. Kad su joj se paralizirali vidni živci i kad su liječnici digli ruke od nje nakon teškog tjelesnog zlostavljanja, žena je došla u crkvu Manmin nakon što je čula vijesti o njoj. Kako je revno sudjelovala na misnim slavljima i usrdno molila za ozdravljenje, primila je moju molitvu i ponovno progledala. Moć Božja u potpunosti je obnovila vidne živce za koje se u jednom trenutku činilo da su zauvijek izgubljeni.

Drugom prilikom upoznao sam čovjeka koji je bolovao od teške ozljede jer mu je kralježnica bila smrvljena na osam mjesta. Budući da mu je donji dio tijela bio oduzet, bio je na rubu amputacije obje noge. Nakon što je prihvatio Isusa Krista, uspio je izbjeći amputaciju, ali još se uvijek morao služiti štakama. Potom je počeo dolaziti na molitvene sastanke u Centar za molitve crkve Manmin, a nedugo potom, za vrijeme jednog cjelonoćnog misnog slavlja petkom, nakon što je primio moju molitvu, taj je čovjek bacio štake, prohodao na svoje dvije noge i otada je postao vjesnikom Radosne vijesti.

Moć Božja može u potpunosti ozdraviti slabosti koje medicinska znanost ne uspijeva izliječiti. U Evanđelju po Ivanu

16:23 Isus nam obećava: „*U onaj dan nećete me ništa više pitati. Zaista, zaista, kažem vam, ako što zamolite od Oca u moje Ime, dat će vam.*" U ime našega Gospodina molim da vjerujete u čudesnu moć Božju, da je usrdno tražite, da primite odgovore na sve svoje probleme bolesti i da postanete vjesnicima Radosne vijesti o živom i svemogućem Bogu!

6. poglavlje

Načini ozdravljanja opsjednutih

Evanđelje po Marku 9:28-29

Kad Isus dođe doma, njegovi ga učenici upitaše zasebno:
„Zašto mi ne mogosmo istjerati duha?” On im odgovori:
„Ta se vrsta može istjerati samo molitvom.”

Posljednjih će dana ljubav ohladnjeti

Napredak suvremene znanstvene civilizacije i razvoj industrije sa sobom su donijeli materijalni procvat i omogućili ljudima veću udobnost i blagostanje. Istodobno su ta dva čimbenika za posljedicu imala otuđivanje, iznimnu sebičnost, izdaju i kompleks manje vrijednosti među ljudima jer ljubav jenjava kad je teško pronaći razumijevanje i opraštanje.

Kao što je predviđeno u Evanđelju po Mateju 24:12: „*Budući da će bezakonje porasti, ljubav će mnogih hladnjeti*", u vrijeme kad cvjeta opakost, a hladni ljubav, jedan od najozbiljnijih problema našega društva danas jest porast broja ljudi koji boluju od duševnih bolesti i poremećaja, kao što su slom živaca i shizofrenija.

U duševnim su bolnicama izolirani brojni pacijenti koji nisu u stanju voditi normalan život, ali još uvijek nije pronađen odgovarajući lijek. Ako nema napretka čak ni nakon više godina liječenja, obitelji se umaraju i u mnogim slučajevima ignoriraju ili napuštaju te pacijente poput siročadi. Ti pacijenti, koji žive izvan svojih domova i bez svojih obitelji, nisu u stanju funkcionirati kao normalni ljudi. Premda im je potrebna prava ljubav njihovih najmilijih, rijetki takvim pojedincima uistinu i pokazuju ljubav.

U Bibliji nailazimo na mnoge primjere u kojima je Isus ozdravljao ljude opsjednute zlim duhovima. Zašto su ti slučajevi zabilježeni u Svetom pismu? Kako se približava kraj svijeta, **ljubav hladni, a Sotona muči ljude i pušta na njih**

duševne bolesti i poremećaje te ih usvaja kao djecu đavolsku. Sotona muči, slabi, zbunjuje i kalja misli ljudi grijehom i zlom. Budući da je ovo društvo natopljeno grijehom i zlom, ljudi su olako spremni na zavist, svađu, mržnju i ubojstvo. Kako se približavaju posljednji dani, kršćani moraju moći razaznavati istinu od neistine, čuvati svoju vjeru i voditi zdrav život tjelesno i duševno.

Preispitajmo sada uzrok Sotoninih podsticanja i mučenja, kao i zašto je sve veći broj ljudi opsjednut Sotonom i zlim duhovima i boluje od duševnih bolesti u našem suvremenom društvu, u kojemu je znanstvena civilizacija znatno uznapredovala.

Proces postajanja opsjednutim Sotonom

Svatko od nas ima savjest, a većina ljudi se ponaša i živi u skladu sa svojom savješću, ali se standardi savjesti svakoga pojedinoga, kao i rezultati koji iz nje proizlaze, razlikuju od osobe do osobe. To je zato što je svaka osoba rođena i odgojena u različitim uvjetima i okružjima, što je gledala, slušala i učila različite stvari od svojih roditelja, kod kuće i u školi te je zapamtila različite informacije.

S jedne strane, Riječ Božja, koja je sâma istina, govori nam: *„Ne dopusti da te svlada zlo, nego zlo svladaj dobrom”* (Poslanica Rimljanima 12:21) i potiče nas: *„Ne parničite se sa zlotvorom! Naprotiv, udari li te tko po desnom obrazu, okreni* *mu i drugi"* (Evanđelje po Mateju 5:39). Budući da nas Riječ Božja uči ljubavi i opraštanju, u onima koji vjeruju u Nju razvija se standard zaključka tipa „Gubiti znači pobjeđivati." S druge strane, ako je netko naučio da mora poduzeti odmazdu ako je udaren, on će doći do zaključka koji mu diktira da je pružanje otpora hrabar čin, dok je izbjegavanje bez otpora kukavičko. Tri čimbenika – standard zaključivanja svakoga pojedinoga, je li netko vodio pravedan ili nepravedan život te koliko je kompromisa radio s ovim svijetom – obrazovat će različite savjesti u različitim osobama.

Budući da ljudi svoje živote vode na različit način te da stoga imaju i različite savjesti, Božji neprijatelj Sotona iskorištava to i dovodi u iskušenje ljude da žive po svojoj grješnoj prirodi, protivnoj pravednosti i dobru, uzburkavanjem zlih misli i podsticanjem tih ljudi na grijeh.

U srcima ljudi dolazi do konflikta između požuda Duha Svetoga, po kojima bi trebali živjeti prema Božjem zakonu, i požuda grješne prirode, koje tjeraju ljude da slijede tjelesne požude. I zato nas Bog u Poslanici Galaćanima 5:16-17 potiče ovako: „*Zato velim: živite po Duhu pa doista nećete ispunjati požude tijela. Jer, požuda se tijela upravlja protiv duha, a požuda duha protiv tijela. Da, upravo ti se protive jedno drugomu, te niste kadri činiti ono što hoćete.*"

Ako živimo po požudama Duha Svetoga, baštinit ćemo kraljevstvo Božje. Ako pak slijedimo požude grješne prirode i ne živimo po Riječi Božjoj, nećemo baštiniti Njegovo kraljevstvo. I zato nas Bog u Poslanici Galaćanima 5:19-21 upozorava:

Prepoznatljiva su djela tijela. To su: bludnost, nečistoća, raspuštenost, idolopoklonstvo, vračanje, neprijateljstva, svađa, ljubomora, srdžbe, sebičnosti, razdori, strančarenja, zavisti, pijanstva, razuzdane gozbe i tomu slično. Ponavljam što sam vam već prije kazao: oni koji čine takvo nešto, neće baštiniti kraljevstva Božjega.

Pa kako, onda, ljudi postaju opsjednuti zlim duhovima?

Kroz misli Sotona uzburkava požude grješne prirode u onima čije je srce ispunjeno grješnom prirodom. Ako ta osoba ne može kontrolirati svoje misli i ako djeluje po svojoj grješnoj prirodi, usađuje se osjećaj krivnje, a njezino srce postaje još zločestije. Kad se nagomilaju takva djela grješne prirode, osoba na koncu ne uspijeva kontrolirati sebe sâmu i, tomu nasuprot, čini sve na što je Sotona podstiče. Za takvu se osobu veli da je „opsjednuta" Sotonom.

Primjerice, pretpostavimo da postoji neki lijeni čovjek koji ne voli raditi, nego mu je draže ispijati alkohol i traćiti svoje vrijeme. Takvu će osobu Sotona podsticati i preuzet će kontrolu nad njegovim mislima kako bi on ostao vjeran ispijanju alkohola i traćenju svojega vremena uz osjećaj da je naporno raditi. Sotona će ga udaljiti i od dobra, što je istina, oduzet će mu energiju za razvoj svojega života i pretvorit će ga u nesposobnu i beskorisnu osobu.

Kako on živi i ponaša se u skladu sa Sotoninim mislima, takav čovjek ne može uteći Sotoni. Štoviše, kako njegovo srce postaje sve zločestije i kako se on sve više predaje zlim mislima, umjesto da sâm kontrolira svoje srce, on će činiti što god mu je volja. Ako se želi rasrditi, rasrdit će se na svoje zadovoljstvo; ako se želi svađati ili prepirati, svađat će se i prepirati koliko god mu bude volja; ako želi piti alkohol, neće se moći zaustaviti u ispijanju alkohola. Kad se sve to nagomila, od određenog trenutka on sâm neće moći kontrolirati svoje misli i svoje srce i smatrat će da se sve urotilo protiv njega. Nakon tog procesa on postaje opsjednut zlim duhovima.

Uzrok opsjednutosti zlim duhovima

Dva su glavna razloga da Sotona nekoga podstiče i da taj kasnije postane opsjednut zlim duhovima.

1. Roditelji

Ako su roditelji napustili Boga, štovali kumire koje Bog prezire i smatra odvratnima ili ako su učinili nešto izvanredno zločesto, onda će sile zlih duhova ući i u njihovu djecu i ona će, ako ostanu u tom stanju, postati opsjednuta zlim duhovima. U takvom slučaju roditelji moraju doći pred Boga, temeljito se pokajati za svoje grijehe, odvratiti se od svojeg grješnog načina života i preklinjati Boga u ime svoje djece. Bog će onda vidjeti što je u središtu roditeljskoga srca i očitovat će svoja djela ozdravljenja, kidajući lance nepravde.

2. Sâmi pojedinci

Bez obzira na grijehe roditelja, osobe mogu postati opsjednute zlim duhovima i zbog vlastitih neistina, uključujući i zlo, ponos i ostalo. Budući da se te osobe ne mogu moliti i pokajati sâme od sebe, kada one prime molitvu sluge Božjega, koji očituje Njegovu moć, mogu se raskinuti lanci nepravde. Kad se zli duhovi istjeraju i osoba se pribere, nju tada treba podučiti Riječi Božjoj da bi se izbrisalo njezino srce, koje je nekoć bilo natopljeno grijehom i zlom, i da se ono preobrazi u srce istine.

Dakle, ako je neki član obitelji ili srodnik opsjednut zlim duhovima, obitelj mora imenovati jednu osobu koja će moliti u ime opsjednutoga. To je zato što i srce i um opsjednutoga kontroliraju upravo zli duhovi, a on ne može ništa učiniti sâm. On se ne može ni moliti niti slušati Riječ istine; stoga, on ne može živjeti po istini. Dakle, cijela obitelj ili makar jedna osoba iz obitelji mora se moliti za njega u ljubavi i samilosti da bi član obitelji opsjednut zlim duhovima sada mogao živjeti u vjeri. Kada Bog vidi odanost i ljubav te obitelji, On će očitovati svoja djela ozdravljenja. Isus nam govori da ljubimo bližnjega svoga kao sebe sâmoga (Evanđelje po Luki 10:27). Ako se mi sâmi ne možemo moliti i posvetiti za člana vlastite obitelji koji je opsjednut zlim duhovima, kako onda možemo reći da ljubimo bližnjega svoga?

Kada obitelj i prijatelji osobe opsjednute zlim duhovima utvrde uzrok opsjednutosti, pokaju se, mole se u vjeri u Božju moć, posvete se u ljubavi i usade u tu osobu sjeme vjere, iz nje će se istjerati sile zlih duhova, a ona će se preobraziti u čovjeka od istine, kojega će Bog zakriliti i zaštititi od zlih duhova.

Načini ozdravljanja opsjednutih zlim duhovima

U mnogim dijelovima Biblije nailazimo na primjere ozdravljanja opsjednutih zlim duhovima. Preispitajmo sada način na koji su oni primili ozdravljenje.

1. Morate odbiti sile zlih duhova.

U Evanđelju po Marku 5:1-20 vidimo čovjeka koga bijaše opsjeo nečisti duh. Reci 3-4 to ovako objašnjavaju: *„ On je stanovao u grobovima; nitko ga nije više mogao ni verigama vezati. Često su ga stavljali u klade i verige, a on bi uvijek rastrgao verige i izlomio klade. Nitko ga nije mogao ukrotiti."* A u Evanđelju po Marku 5:5-7 vidimo još i sljedeće: *„ On bi –*

po cijelu noć i dan – vikao u grobovima i brdima i sam sebe udarao kamenjem. Kad izdaleka opazi Isusa, dotrča, pade pred njim ničice te jakim glasom viknu: ‚Što hoćeš od mene, Isuse, Sine Boga najuzvišenijega? Zaklinjem te Bogom, ne muči me!‘"

To je bio njegov odgovor na Isusovu zapovijed: „*Iziđi iz ovoga čovjeka, nečisti duše!*" (redak 8) Ovaj nam prizor govori da, iako ljudi nisu znali da je Isus Sin Božji, nečisti je duh dobro znao tko je Isus i kakvu On moć ima.

Zatim ga Isus upita: „*Kako se zoveš?*", a opsjednuti odgovori: „*Ime mi je Legija jer nas je mnogo*" (redak 9). I moljakao ga je da ih ne potjera iz onoga kraja i zamoli ga da ih pošalje da uđu u svinje. Isus nije pitao za ime zato što ga nije znao, On je pitao za ime kao sudac koji ispituje nečistoga duha. Štoviše, „Legija" znači da je taj čovjek bio opsjednut većim brojem zlih duhova.

Isus dopusti da „Legija" uđe u svinje, a one jurnu niz obronak u more te se utope. Kada istjerujemo zle duhove, to moramo činiti Riječju Božjom, čiji je simbol voda. Kad su ljudi vidjeli tog čovjeka, kojega nitko nije mogao ukrotiti, kako potpuno zdrav sjedi, obučen i pri zdravoj pameti, uplašili su se.

Kako da danas istjerujemo zle duhove? Njih treba istjerivati u ime Isusa Krista u vodu, koja je simbol Riječi, ili u oganj, koji je simbol Duha Svetoga, da oni tako izgube svoju moć. Međutim, budući da su zli duhovi duhovna bića, njih se može istjerati jedino kad se moli osoba koja ima moć istjerivanja zlih duhova. Ako ih netko tko nema vjere pokuša istjerati, zli će ga duhovi zauzvrat kinjiti ili omalovažavati. Dakle, da bi ozdravio netko tko je opsjednut zlim duhovima, za njega mora moliti čovjek Božji koji ima moć da ih istjera.

Međutim, moguće je da se katkad zli duhovi neće dati istjerati, čak ni kada ih čovjek Božji izgoni u ime Isusa Krista. To je zato što je osoba opsjednuta zlim duhovima govorila pogrde protiv Duha Svetoga (Evanđelje po Mateju 12:31; Evanđelje po Luki 12:10). Ozdravljenje se ne može očitovati na nekim ljudima opsjednutima zlim duhovima ako oni drage volje griješe pošto su upoznali istinu (Poslanica Hebrejima 10:26).

Štoviše, u Poslanici Hebrejima 6:4-6 čitamo ovako: *„Zbilja je nemoguće one koji su jednom zauvijek prosvijetljeni, koji su okusili nebeski dar i koji su postali dionici Duha Svetoga, koji su okusili dobru riječ Božju i sile budućega svijeta, pa ipak otpali, opet obnoviti za obraćenje jer ponovno samima sebi na štetu razapinju Sina Božjega i čine ga ruglom."*

Sad kad smo to naučili, moramo se štititi da nikad ne počinimo grijehe za koje ne bismo mogli primiti oprost. Također moramo razaznavati u istini može li se netko opsjednut zlim duhovima ozdraviti molitvom.

2. Oboružajte se istinom.

Kad se iz njih istjeraju zli duhovi, ljudi svoja srca moraju ispuniti životom i istinom revnim čitanjem Riječi Božje, štovanjem i molitvom. Čak i kad se istjeraju zli duhovi, ako ljudi nastave živjeti u grijehu, a da se pritom ne oboružaju istinom, izgnani zli duhovi će se vratiti, a ovog će puta s njima doći i mnogo opasniji zli duhovi. Imajte na umu da će ti ljudi onda biti u mnogo gorem stanju nego kad su bili opsjednuti zlim duhovima po prvi put.

U Evanđelju po Mateju 12:43-45 Isus nam govori ovako:

> *Kad nečisti duh iziđe iz čovjeka, luta po bezvodnim mjestima tražeći počivalište. Ali ga ne nalazi. Potom veli: ,Vratit ću se u svoju kuću iz koje sam izišao.' Kad stigne, nađe je praznu, pometenu i uređenu. Potom ode i uzme sa sobom sedam drugih duhova, gorih od sebe, te uđu i tu se nastane. I posljednje stanje toga čovjeka postaje gore od prijašnjega. Tako će biti i ovome pokvarenom naraštaju.*

Zli se dusi ne smiju izgoniti bezbrižno. Nadalje, nakon što se zli duhovi istjeraju, prijatelji i obitelj osobe koja je bila opsjednuta zlim duhovima moraju razumjeti da je toj osobi sada potrebna briga i veća ljubav nego prije. Moraju se brinuti o toj osobi u predanosti i požrtvovnosti i oboružati je istinom dok ona ne primi potpuno ozdravljenje.

Sve je moguće onome koji vjeruje

U Evanđelju po Marku 9:17-27 nailazimo na zapis o Isusovom ozdravljanju sina opsjednutoga nijemim duhom i padavičara nakon što je vidio vjeru njegova oca. Preispitajmo nakratko način na koji je sin primio ozdravljenje.

1. Obitelj mora pokazati svoju vjeru.

U Evanđelju po Marku 9 sin nekog oca bijaše gluh i nijem od djetinjstva jer je bio opsjednut zlim duhovima. Nije mogao razumjeti ni riječi, a s njim je bilo nemoguće komunicirati. Štoviše, bilo je vrlo teško utvrditi kad i gdje će se pojaviti simptomi epilepsije. I zato je njegov otac vječno živio u agoniji, izgubljene sve nade u život.

Tad je otac čuo za čovjeka iz Galileje koji je očitovao čudesa oživljavanja mrtvih i ozdravljivanja ranih vrsta bolesti. Zraka nade počela je razdirati čovjekov očaj. Ako su te vijesti bile točne, otac je vjerovao da će taj čovjek iz Galileje uspjeti izliječiti i njegova sina. Iskušavajući sreću, otac je doveo sina pred Isusa i rekao Mu: „*Pa, ako što možeš, pomozi nam – smiluj nam se!*" (Evanđelje po Marku 9:22)

Kad je začuo očevu usrdnu molbu, Isus mu reče: „*,Ako možeš?' Sve je moguće onome koji vjeruje!*'" (redak 23) i tako prekorio oca zbog njegove male vjere. Otac je čuo vijesti, ali nije im vjerovao u svome srcu. Da je otac znao da je Isus, Sin Božji, svemoguć i sâma istina, on ne bi bio ni rekao „ako". Kako bi nas naučio da je nemoguće svidjeti se Bogu bez vjere i da je nemoguće primiti odgovore bez potpune vjere po kojoj se može vjerovati, Isus je rekao: „Ako možeš?" da bi ukorio oca zbog njegove „male vjere."

Vjera se općenito može podijeliti na dvije vrste. Po „vjeri tijela" ili „vjeri kao znanje" može se vjerovati u ono što se vidi. Vrsta vjere po kojoj se može vjerovati i u ono što se ne vidi je „duhovna vjera", „prava vjera", „živa vjera" ili „vjera popraćena djelima". Tom se vrstom vjere ni iz čega može stvoriti nešto. Definicija „vjere" prema Bibliji glasi: *„Čvrsto stajanje na onom čemu se nadamo, uvjerenje o stvarima kojih se ne vidi"* (Poslanica Hebrejima 11:1).

Kad ljudi boluju od bolesti koje čovjek može izliječiti, oni mogu ozdraviti time što će se njihove bolesti spaliti ognjem Duha Svetoga kada pokažu svoju vjeru i napune se Duha Svetoga. Ako se razboli početnik u životu u vjeri, on može ozdraviti kada otvori svoje srce, sluša Riječ i pokaže svoju vjeru. Ako se razboli zreli kršćanin koji ima vjeru, on može ozdraviti ako se pokaje.

Kad ljudi boluju od bolesti koje medicinska znanost ne može izliječiti, oni moraju pokazati vjeru koja je utoliko veća. Ako se razboli zreli kršćanin koji ima vjere, on može ozdraviti kada otvori svoje srce, kad se pokaje i prinese usrdnu molitvu. Ako se razboli netko tko nema uopće vjere ili ima malo vjere, on neće ozdraviti dok mu se ne dade vjera, a ovisno o rastu njegove vjere, očitovat će se i djelo ozdravljenja.

Oni s tjelesnim oštećenjima, izobličenim tijelima i nasljednim bolestima mogu ozdraviti samo Božjim čudesima. Dakle, oni moraju Bogu pokazati da su predani i da imaju vjeru po kojoj Ga mogu ljubiti i svidjeti Mu se. Tek će tada Bog priznati njihovu vjeru i očitovati ozdravljenje. Kad ljudi Bogu pokažu svoju gorljivu vjeru – na način na koji je Bartimej usrdno zazvao Isusa (Evanđelje po Marku 10:46-52), na način na koji je stotnik Isusu pokazao svoju veliku vjeru (Evanđelje po Mateju 8:5-13) i na način na koji su uzeti i njegova četvorica prijatelja pokazali svoju vjeru i predanost (Evanđelje po Marku 2:3-12) – i Bog će njima dati ozdravljenje.

Slično tomu, budući da ljudi opsjednuti zlim duhovima ne mogu ozdraviti bez djela Božjega i ne mogu pokazati svoju vjeru, da bi oni primili ozdravljenje s nebesa, drugi članovi njihovih obitelji moraju vjerovati u Boga Svemogućega i doći pred Njega.

2. Ljudi moraju imati vjeru po kojoj mogu vjerovati.

Oca sina koji je dugo bio opsjednut zlim duhovima Isus je u početku ukorio zbog njegove male vjere. Kad je Isus tom čovjeku sa sigurnošću rekao: „*Sve je moguće onome koji vjeruje*" (Evanđelje po Marku 9:23), s očevih se usta otelo pozitivno priznanje: „*Vjerujem!*" Međutim, njegova je vjera bila ograničena na znanje. I zato je otac molio Isusa: „*[Pomaži] mojoj nevjeri!*" (Evanđelje po Marku 9:24). Kada začu preklinjanje oca, za čije je iskreno srce, usrdnu molitvu i vjeru

Isus znao, On dade ocu vjeru po kojoj će sada moći vjerovati.

Isto tako, zazivanjem Boga i mi možemo primiti vjeru po kojoj možemo vjerovati, a s tom vrstom vjere postat ćemo podobni za primanje odgovora na sve naše probleme, i „nemoguće" će postati „mogućim."

Kad je otac zadobio vjeru po kojoj je mogao vjerovati, kad je Isus zapovjedio: *„Nijemi i gluhi duše, ja ti zapovijedam, iziđi iz njega i više se ne vraćaj u nj!"*, zli je duh izišao iz sina s vriskom (Evanđelje po Marku 9:25-27). Dok su očeve usne molile za vjeru po kojoj može vjerovati i dok je on priželjkivao da se Bog uplete – čak i nakon što ga je Isus ukorio – Isus je očitovao čudesno djelo ozdravljenja.

Isus je čak podario potpuno ozdravljenje sinu toga oca koji je bio opsjednut nijemim duhom, pa nije mogao govoriti, i padavičar, pa je često padao, s pjenom na ustima, škripom zubi i kočenjem. Zar onima koji vjeruju u moć Božju po kojoj je sve moguće i koji žive po Njegovoj Riječi On ne bi dopustio da sve prođe dobro i da vode zdrav život?

Netom nakon osnutka crkve Manmin mladić iz provincije Gang-won posjetio je crkvu nakon što je čuo vijesti o njoj. Taj je mladić mislio da vjerno služi Bogu kao vjeroučitelj u nedjeljnoj školi i član crkvenoga zbora. Međutim, budući da je bio iznimno ponosan i da nije od sebe odbacio zlo iz svoga srca, nego je umjesto toga gomilao grijehe, mladić je bolovao nakon što je zli duh ušao u njegovo nečisto srce i nastanio se ondje. Na usrdnu molitvu i predanost njegova oca očitovalo se djelo ozdravljenja. Nakon utvrđivanja identiteta zlog duha i njegova izgonjenja molitvom mladiću su se zapjenila usta, pao je na leđa i ispuštao nesnosan smrad. Nakon toga mladić je obnovio svoj život jer se oboružao istinom u crkvi Manmin. Danas on vjerno služi u svojoj crkvi u provinciji Gang-won i slavi Boga svjedočenjem o milosti svojeg ozdravljenja bezbrojnim ljudima.

U ime našega Gospodina molim da shvatite da je opseg Božjeg djelovanja bezgraničan i da je Njemu sve moguće da biste, kad tražite u molitvi, ne samo postali blagoslovljena djeca Božja, nego i Njegovi ljubljeni sveci s kojima se sve uvijek dobro odvija!

7. poglavlje

Vjera i poslušnost gubavca Naamana

Druga knjiga o Kraljevima 5:9-10; 14

I tako Naaman stiže sa svojim konjima i kolima i stade pred vratima Elizejeve kuće. A Elizej poruči dolazniku: ,,Idi i okupaj se sedam puta u Jordanu i tijelo će ti opet biti čisto.'' I tako siđe, opra se sedam puta u Jordanu, prema riječi čovjeka Božjega; i tijelo mu posta opet kao u malog djeteta – očistio se.

Vojskovođa Naaman, gubavac

Tijekom našega života suočavamo se s velikim i malim problemima. Katkad se suočavamo s problemima koji su izvan ljudskih sposobnosti.

U aramskom kraju, sjeverno od Izraela, bijaše vojskovođa imenom Naaman. Predvodio je aramsku vojsku u pobjedu u najkritičnijim časovima te zemlje. Naaman je ljubio svoju zemlju i vjerno služio svome kralju. Iako je kralj vrlo cijenio Naamana, taj je vojskovođa bio tjeskoban zbog tajne koju nitko drugi nije znao.

Što je bio uzrok njegove tjeskobe? Naaman je bio u agoniji, ali ne zato što mu je nedostajalo bogatstva ili slave. Naaman se osjećao nesretnim i nije pronalazio zadovoljstvo u životu zato što je bolovao od gube, neizlječive bolesti koju ondašnja medicina nije uspijevala izliječiti.

Za Naamanova doba ljude koji su bolovali od gube smatralo se nečistima. Prisiljeni su bili živjeti u izolaciji izvan gradskih zidina. Naamanove su patnje bilo utoliko nesnosnije zato što su, osim strašnih bolova, tu bolest pratili i drugi problemi. Simptomi gube obuhvaćali su kraste po tijelu, poglavito na licu, vanjskoj strani ruku i nogu, gornjem dijelu stopala, kao i degeneraciju osjetila. U teškim slučajevima otpadali su obrve, nokti s prstiju ruku i nogu, pa su gubavci zbog toga izgledali stravično.

A onda je jednoga dana Naaman, koji je bolovao od neizlječive bolesti i nije mogao pronaći zadovoljstva u životu, čuo dobru vijest. Prema mladoj djevojci zarobljenoj na području izraelskom, koja je zatim služila njegovoj ženi, bijaše prorok u Samariji koji bi Naamana izliječio od gube. Budući da nije bilo ničega što ne bi učinio da primi ozdravljenje, Naaman je rekao svome kralju za svoju bolest i za ono što je čuo od služavke. Kad kralj začu da će njegov vjerni vojskovođa biti izliječen od gube ako ode pred proroka u Samariju, rado je pomogao Naamanu, pa je čak i poslao pismo kralju izraelskom u Naamanovo ime.

Naaman ode za Izrael; ponio je deset talenata srebra, šest tisuća zlatnih šekela i deset svečanih haljina. I predade kralju izraelskom pismo što kazivaše: *„Uz pismo koje ti stiže šaljem ti, evo, svoga slugu Naamana da ga izliječiš od gube"* (redak 6). U to je vrijeme aramsko kraljevstvo bilo moćnije od izraelskoga. Kad je izraelski kralj pročitao pismo aramskoga kralja, razdera haljine na sebi i reče: *„Zar sam ja Bog da mogu usmrćivati i oživljavati te ga ovaj šalje k meni da ga izliječim od njegove gube? Gledajte samo kako traži povoda da me napadne!"* (redak 7)

A kad je izraelski prorok Elizej to saznao, dođe pred kralja i reče: *„Zašto si razderao haljine svoje? Neka onaj samo dođe k meni i neka se uvjeri da ima prorok u Izraelu"* (redak 8). Kad je kralj izraelski poslao Naamana u kuću Elizejevu, prorok se nije s njim osobno sastao, nego mu je poručio preko glasnika: *„Idi i okupaj se sedam puta u Jordanu i tijelo će ti opet biti čisto"* (redak 10).

Koliko mora da je bilo nezgodno Naamanu, koji je sa svojim

konjima i kolima stigao pred Elizejevu kuću, kad je vidio da ga prorok nije ni pozdravio niti se sastao s njime? Vojskovođa se naljutio. Mislio je da, ako vojskovođa zemlje jače od izraelske dođe u posjet, prorok će ga srdačno pozdraviti i staviti svoje ruke na njega. Umjesto toga, Naaman se suočio s vrlo hladnim prijemom od strane proroka i rečeno mu je da se opere u rijeci toliko maloj i prljavoj, kakva je bila rijeka Jordan.

U svom je bijesu Naaman pomišljao da se vrati kući govoreći: *„Gle, ja mišljah, izići će preda me, zazvat će ime Jahve, Boga svoga, stavit će ruku na bolesno mjesto i odnijeti mu gubu. Nisu li rijeke u Damasku, Abana i Parpar, bolje od svih voda izraelskih? Ne bih li se mogao u njima okupati da postanem čist?"* (reci 11-12). I dok se pripremao za povratak kući, sluge ga njegove zamoliše: *„Oče moj, da ti je prorok odredio i teže, zar ne bi učinio? A nekmoli kad ti je rekao: 'Okupaj se i bit ćeš čist"* (redak 13). Poticali su svojega gospodara da posluša Elizejeve upute.

I, što se dogodilo kad se Naaman sedam puta okupao u rijeci Jordan, kao što mu je Elizej rekao? Tijelo mu posta opet kao u malog djeteta – očistio se! Potpuno je izliječena guba koja je Naamanu zadavala toliku agoniju. Kad je bolest koju čovjek nije mogao izliječiti u potpunosti izliječena Naamanovom poslušnošću prema čovjeku Božjemu, vojskovođa je priznao Boga živoga i Elizeja, čovjeka Božjega.

Nakon što je iskusio moć Boga živoga – Jahve koji daje zdravlje ozdravio ga je od gube – Naaman se vrati Elizeju i prizna: „*Vrati se on Elizeju sa svom svojom pratnjom, uđe, stade preda nj i reče mu: 'Evo, sad znam da nema Boga na svoj zemlji, osim u Izraelu. Zato te molim, primi dar od svoga sluge.' Ali on odgovori: 'Tako mi živog Jahve, komu služim, ne primam.' Naaman navaljivaše da primi, ali on ne htjede. Tada Naaman reče: 'Dobro, kad nećeš. Ali barem dopusti da meni, tvome sluzi, dadu ove zemlje koliko mogu ponijeti dvije mazge. Jer sluga tvoj neće više prinositi pomirnica ni klanica drugim bogovima, nego samo Jahvi"* i tako dade slavu Bogu (Druga knjiga o Kraljevima 5:15-17).

Naamanova vjera i djelo

Preispitajmo sada vjeru i djelo Naamana, koji je spoznao Jahvu koji daje zdravlje i ozdravio od neizlječive bolesti.

1. Naamanova dobra savjest

Neki olako prihvaćaju i vjeruju u riječi drugih, drugi su pak skloni bezuvjetnoj sumnji i nepovjerenju prema dugima. Budući da je Naaman imao čistu savjest, on nije prezreo riječi drugih, nego ih je ljubazno prihvatio. Mogao je otići u Izrael, poslušati Elizejeve upute i primiti ozdravljenje zato što nije zanemario, nego poslušao i povjerovao riječima mlade djevojke koja je služila njegovu ženu. Kad je ta mlada djevojka, zarobljena u zemlji izraelskoj, rekla njegovoj ženi: *„Ah, kad bi se samo moj gospodar obratio proroku koji je u Samariji! On bi ga zacijelo oslobodio gube!"*, Naaman joj je povjerovao. Pretpostavimo da se vi nađete u Naamanovu položaju. Što biste vi učinili? Biste li i vi bez zadrške prihvatili njezine riječi?

Unatoč napretku suvremene medicine danas, mnogo je bolesti protiv kojih je medicina beskorisna. Da kažete drugima da vas je Bog ozdravio od neizlječive bolesti ili da ste ozdravili nakon što ste primili molitvu, što mislite koliko bi vam ljudi povjerovalo? Naaman je vjerovao riječima mlade djevojke, tražio dopuštenje od svojega kralja, otišao u Izrael i primio ozdravljenje od gube. Drugim riječima, budući da je Naaman imao dobru savjest, mogao je prihvatiti riječi mlade djevojke kad mu je ona navijestila evanđelje i djelovati u skladu s time. I mi moramo shvatiti da, kad nam se naviješta Radosna vijest, i mi možemo primiti odgovore na naše probleme jedino ako vjerujemo u navještenje i ako dođemo pred Boga, kao što je to učinio Naaman.

2. Naaman je zdrobio svoje misli

Kad je Naaman otišao u Izrael uz pomoć svojega kralja i kad je stigao pred kuću Elizeja, proroka koji je mogao ozdravljati od gube, susreo se s hladnim prijemom. Očito se naljutio kad Elizej, koji u očima nevjernika Naamana nije imao ni slave ni društvenog položaja, nije izišao pozdraviti vjernog slugu aramskoga kralja i kad je poručio Naamanu – preko glasnika – da se sedam puta opere u rijeci Jordan. Naaman je bio bijesan zato što je njega poslao osobno kralj aramski. Nadalje, Elizej čak nije ni stavio svoju ruku na bolesno mjesto, nego je umjesto toga rekao Naamanu da se može očistiti ako se opere u rijeci maloj i prljavoj, kakva je bila rijeka Jordan.

Naaman se naljutio na Elizeja i na prorokovo postupanje, koje on nije uspijevao razumjeti svojim mislima. Pripremao se za povratak kući, misleći da u njegovoj zemlji ima mnogo drugih velikih i čistih rijeka i da će se očistiti ako se opere u bilo kojoj od njih. U tom su trenutku Naamanovi sluge zamolili svojega gospodara da posluša Elizejeve upute i da se opere u rijeci Jordan.

Budući da je Naaman imao dobru savjest, taj vojskovođa nije djelovao po vlastitim mislima, nego je umjesto toga odlučio poslušati Elizejeve upute, i uputio se prema Jordanu. Koliko bi se ljudi, čiji društveni položaj odgovara Naamanovu, preobratilo i poslušalo nagovore svojih sluga ili drugih na tako niskom položaju?

Kao što nalazimo u Izaiji 55:8-9: „„*Jer misli vaše nisu moje misli i púti moji nisu vaši púti*', riječ je Jahvina. *,Visoko je iznad zemlje nebo, tako su puti moji iznad vaših putova, i misli moje iznad vaših misli*'"*, kad ne želimo pustiti ljudske misli i teorije, ne možemo biti poslušni Riječi Božjoj. Sjetimo se samo kako je skončao kralj Šaul koji je iskazao neposluh prema Bogu. Kada djelujemo po ljudskim mislima i nismo poslušni volji Božjoj, to je djelo neposluha, a ako ne priznamo svoj neposluh, moramo imati na umu da će nas Bog napustiti i odbaciti nas, kao što je odbacio kralja Šaula.

U Prvoj knjizi o Samuelu 15:22-23 čitamo ovako: „*A Samuel odvrati: ,Jesu li Jahvi milije paljenice ili klanice nego poslušnost njegovu glasu? Znaj, poslušnost je vrednija od najbolje žrtve, pokornost je bolja od ovnujske pretiline. Nepokornost je kao grijeh čaranja, samovolja je kao zločin s idolima. Ti si odbacio riječ Jahvinu, zato je Jahve odbacio tebe da ne budeš više kralj!'"* Naaman je dvaput razmislio i odlučio zdrobiti vlastite misli i slijediti upute Elizeja, čovjeka Božjega.

Isto tako, i mi moramo imati na umu da, samo ako odbacimo svoja neposlušna srca i preobrazimo ih u srca poslušna volji Božjoj, možemo ostvariti želje naših srca.

3. Naaman je poslušao riječ prorokovu

Slijedeći Elizejeve upute, Naaman je sišao do rijeke Jordan i oprao se. Ima mnogo širih i čišćih rijeka od Jordana, ali Elizejeva uputa da se opere u rijeci Jordan ima duhovno značenje. Rijeka Jordan simbol je spasenja, a voda je simbol Riječi Božje koja čisti ljude od grijeha i omogućuje im da zadobiju spasenje (Evanđelje po Ivanu 4:14). Upravo je zato Elizej želio da se Naaman opere u rijeci Jordan da bi ga doveo na put spasenja. Bez obzira koliko su veće i čišće druge rijeke, one ne vode ljude k spasenju i nemaju nikakve veze s Bogom te se stoga u tim vodama Bog ni ne može očitovati.

Kao što nam Isus govori u Evanđelju po Ivanu 3:5: *„Zaista, zaista, kažem ti, ako se tko ne rodi od vode i Duha Svetoga, ne može ući u kraljevstvo nebesko"*, pranjem u rijeci Jordanu Naamanu se otvorio put primanja oprosta za svoje grijehe i put spasenja, a on je spoznao živoga Boga.

A zašto je Naamanu rečeno da se opere sedam puta? Broj „7" je potpuni broj koji simbolizira savršenstvo. Kad je Elizej uputio Naamana da se opere sedam puta, on je vojskovođu uputio da primi oprost za svoje grijehe i da se nastani u potpunosti u Riječi Božjoj. Tek tada će Bog, kojemu ništa nije nemoguće, očitovati djelo ozdravljenja i izliječiti svaku neizlječivu bolest.

Dakle, vidimo da je Naaman primio ozdravljenje od gube, protiv koje su i medicina i ljudska moć bile beskorisne, i to zato što je poslušao riječ proroka. Jer nam Sveto pismo jednostavno govori: *„Jer, živa je riječ Božja, djelotvorna i oštrija od svakog dvosjekla mača; ona prodire do rastavljanja duše i duha, zglobova i moždine; ona sudi i nakane i misli srca. I nema stvora njoj sakrivena, nego je sve golo i otkriveno očima onoga komu moramo dati račun"* (Poslanica Hebrejima 4:12-13).

Naaman je izišao pred Boga, kojemu ništa nije nemoguće, zdrobio svoje misli, obratio se i poslušao Njegovu volju. A kad se Naaman sedam puta oprao u rijeci Jordan, Bog je vidio njegovu vjeru, izliječio ga od gube, a Naamanovo tijelo je opet postalo kao u djeteta – očistio se!

Pokazujući nam obični dokaz da je ozdravljenje od gube bilo

moguće jedino Njegovom moći, Bog nam govori da se može ozdraviti ama baš svaka neizlječiva bolest kad Mu se svidimo svojom vjerom popraćenom djelima.

Naaman daje slavu Bogu

Nakon što je Naaman ozdravljen od gube, vratio se Elizeju i priznao: „*Evo, sad znam da nema Boga na svoj zemlji, osim u Izraelu...sluga tvoj neće više prinositi pomirnica ni klanica drugim bogovima, nego samo Jahvi"* (Druga knjiga o Kraljevima 5:15-17) i tako je dao slavu Bogu.

U Evanđelju po Luki 17:11-19 nailazimo na prizor u kojemu deset gubavaca susreće Isusa i ozdravlja od gube. Međutim, samo jedan od njih vratio se Isusu, slaveći Boga u sav glas. Pade ničice pred nogama Isusovim pa mu zahvaljivaše. U recima 17-18 Isus ga zapita: „*Zar ih se nije očistilo deset? Gdje je drugih devet? Zar se nijedan ne vrati da Bogu zahvali, osim ovog tuđina?"* U retku koji slijedi, retku 19, On reče čovjeku: „*Ustani i idi, vjera te tvoja spasila!"* Ako primimo ozdravljenje po Božjoj moći, ne samo da moramo davati slavu Bogu, prihvatiti Isusa Krista i zadobiti spasenje, nego moramo i živjeti po Riječi Božjoj.

Naaman je imao takvu vrstu vjere i djela po kojima je mogao biti ozdravljen od gube, neizlječive bolesti u njegovo doba. Imao je dobru savjest da povjeruje riječima mlade služavke zarobljene u zemlji izraelskoj. Imao je vrstu vjere po kojoj je pripremio dragocjeni dar za posjet proroku. Pokazao je djelo poslušnosti iako se upute Elizejeve nisu slagale s njegovim mislima.

Naaman, poganin, bolovao je nekoć od neizlječive bolesti, ali kroz svoju je bolest upoznao Boga živoga i iskusio djelo ozdravljenja. Svi koji dođu pred Boga Svemogućega i pokažu svoju vjeru i djela primit će odgovore na sve svoje probleme, bez obzira koliko teški oni bili.

U ime našega Gospodina molim da zadobijete dragocjenu vjeru, da pokažete svoju vjeru djelima, da primite odgovore na sve svoje probleme u životu i da postanete blagoslovljeni sveci koji daju slavu Bogu.

Autor:
Dr. Jaerock Lee

Dr. Jaerock Lee rođen je 1943. u Muanu, provincija Jeonnam, Republika Koreja. U svojim dvadesetim godinama Dr. Lee je sedam godina bolovao od niza neizlječivih bolesti i iščekivao smrt bez ikakve nade u oporavak. Međutim, jednoga dana, u proljeće 1974., njegova ga je sestra odvela u crkvu, a, kada je kleknuo da se pomoli, živi ga je Bog smjesta ozdravio od svih njegovih bolesti.

Od trenutka kada je Dr. Lee upoznao živoga Boga putem tog prekrasnog iskustva, ljubio je Boga svim svojim srcem i dušem, a 1978. pozvan je da postane sluga Božji. Usrdno se molio da jasno spozna Božju volju, da je u cijelosti provede u djelo i da poštuje Riječ Božju. 1982. utemeljio je crkvu Manmin Central Church u Seulu, Koreja, a u toj su se crkvi događala brojna djela Božja, uključujući i čudesna ozdravljenja i znamenja.

1986. Dr. Lee zaređen je za pastora na Godišnjoj skupštini crkve Jesus' Sungkyul Church iz Koreje, a četiri godine kasnije, 1990., njegove su propovijedi Dalekoistočna televizijska kuća, Azijska televizijska postaja i Kršćanski radio Washingtona počeli prenositi na televiziji u Australiji, Rusiji, na Filipinima i u brojnim drugim zemljama.

Tri godine kasnije, 1993., crkvu Manmin Central Church odabrao je za jednu od „50 najvećih crkava na svijetu" časopis *Kršćanski svijet* (SAD), a on je primio Počasni doktorat božanstva od fakulteta Christian Faith College, Florida, SAD, a 1996. i doktorsku titulu od teološkog sjemeništa Kingsway Theological Seminary, Iowa, SAD.

Od 1993. Dr. Lee predvodi i svjetsku misiju u mnogim prekooceanskim pokretima u Tanzaniji, Argentini, L.A.-u, Baltimore Cityju, Hawaiijima i New York Cityju u SAD-u, Ugandi, Japanu, Pakistanu, Keniji, Filipinima,

Hondurasu, Indiji, Rusiji, Njemačkoj, Peruu, Demokratskoj Republici Kongo i Izraelu. 2002. glavne kršćanske novine u Koreji prozvale su ga „svjetskim pastorom" za njegov doprinos u različitim prekooceanskim pokretima za veliko ujedinjenje.

Od lipanj 2014. crkva Manmin Central Church ima kongregaciju od više od 120.000 članova. Ima 10.000 tuzemnih i inozemnih ogranaka crkve diljem planete, a dosad je više od 123 misionara poslano u 23 zemlje, uključujući i Sjedinjene Američke Države, Rusiju, Njemačku, Kanadu, Japan, Kinu, Francusku, Indiju, Keniju i mnoge druge zemlje.

Do datuma objavljivanja ove knjige Dr. Lee je napisao 92 knjiga, uključujući i bestselere *Kušanje Vječnog Života Prije Smrti, Moj Život, Moja Vjera I i II, Poruka Križa, Mjera Vjere, Raj I i II, Pakao* i *Božja Moć*. Njegova su djela prevedena na više od 76 jezika.

Njegove kršćanske kolumne objavljuju *The Hankook Ilbo, The Chosun Ilbo, The JoongAng Daily, The Dong-A Ilbo, The Munhwa Ilbo, The Seoul Shinmun, The Kyunghyang Shinmun, The Korea Economic Daily, The Korea Herald, The Shisa News,* and *The Christian Press*.

Dr. Lee je trenutačno vođa mnogih misionarskih organizacija i udruga, uključujući i funkcije predsjedavajućega u The United Holiness Church of Jesus Christ, predsjednika u Manmin World Mission, stalnog predsjednika u The World Christianity Revival Mission Association, osnivača i predsjednika uprave u Global Christian Network (GCN), osnivača i predsjednika uprave u World Christian Doctors Network (WCDN) i osnivača i predsjednika uprave u Manmin International Seminary (MIS).

Raj I i II

Podrobna skica božanske životne okoline u kojoj uživaju stanovnici raja i prekrasan opis različitih razina nebeskog kraljevstva.

Moj Život, Moja Vjera I i II

Najmirisnija duhovna aroma izvučena kao ekstrakt iz života koji je procvjetao neusporedivom ljubavlju za Boga usred tamnih valova, hladnoga jarma i najdubljeg očaja.

Poruka Križa

Moćna poruka razbuđivanja za sve ljude koji su u duhovnom snu! U ovoj ćete knjizi pronaći razlog zašto je Isus naš jedini Spasitelj i iskrenu Božju ljubav.

Mjera Vjere

Koja je vrsta boravišta, krune i nagrada pripravljena za tebe u raju? Ova ti knjiga donosi mudrost i vodstvo kako bi izmjerio svoju vjeru i kultivirao najbolju i najzreliju vjeru.

Pakao

Ozbiljna poruka cijelom čovječanstvu od Boga, koji ne želi da čak i jedna duša padne u dubine pakla! Otkrit ćete nikada prije objavljeni opis surove stvarnosti Hada i pakla.